Lisa Hussey

Ich bin eine Single Mom

Dieses Buch widme ich
Pfarrer Wayne L. Williams
in
Marietta, Georgia.

Er nahm sich meiner zerbrochenen Seele an
und setzte die Scherben behutsam wieder
zusammen.

Er hörte mir zu, erzählte mir seine Geschichten
und zwang mich sanft, mich der Wahrheit zu
stellen.
So half er mir, mich selbst zu lieben.

Und deshalb, Wayne,
Pastor, phantastischer Lehrer, Dichter,
begeisterter Fahrradfahrer, Bongospieler und
Mensch der rechten Gehirnhälfte wie ich

hier ist ein Buch
für dich.

Lisa Hussey

Ich bin eine Single Mom

Der spannende Alltag einer alleinerziehenden Mutter

Brunnen Verlag · Basel und Gießen

ABCteam-Bücher erscheinen in folgenden Verlagen:

Aussaat Verlag Neukirchen-Vluyn
R. Brockhaus Verlag Wuppertal
Brunnen Verlag Basel und Gießen
Christliches Verlagshaus Stuttgart
Oncken Verlag Wuppertal und Kassel

Titel der amerikanischen Originalausgabe:
«Psalms For The Single Mom»

Erschienen bei Chariot Victor Publishing, Cook Communications,
Colorado Springs

Aus dem Amerikanischen von Wolfgang Steinseifer

Die Bibelzitate wurden meist der Übersetzung
«Hoffnung für alle» entnommen.

Die Deutsche Bibliothek – CIP-Einheitsaufnahme
Hussey, Lisa:
Ich bin eine Single Mom : Der spannende Alltag einer allein-
erziehenden Mutter / Lisa Hussey. – 1. Aufl. – Basel ; Gießen:
Brunnen-Verl., 2000
(ABC-Team)
ISBN 3-7655-3659-8

Umschlag: Michael Basler, Lörrach
Bild: Image Bank, Berlin
Satz: Bertschi & Messmer AG, Basel
Druck: Ebner Ulm
Printed in Germany
ISBN 3-7655-3659-8

Inhalt

EINFÜHRUNG

Dies ist ein Buch mit Texten aus dem Herzen. Sie sprechen von Erlebnissen und Erfahrungen und von meinen Gedanken und Empfindungen dabei. Die Gefühle, die auf den folgenden Seiten zum Ausdruck kommen, sind so echt, so vielfältig und so mehrschichtig wie das Leben selbst. Das Buch ist so etwas wie der Reisebericht einer Frau als alleinerziehende Mutter.

Jede von uns, die Kinder hat, macht zeitweise die gleichen Erfahrungen. Wir stehen allein und müssen für die Kinder, die wir lieben, Entscheidungen treffen, die ihr Leben prägen. Manchmal hassen wir die Verantwortung; wir haben dann latent das Gefühl, als würden uns diese hungrigen Wesen total aussaugen. Zu anderen Zeiten halten wir ihnen das, was wir haben, auf der offenen Hand entgegen und sehen dann entzückt zu, wie sie es aufnehmen und in ihr Leben hineinweben und damit auch unseres wieder berühren.

Alleinerziehend sind wir durch den Tod des Ehepartners oder durch Scheidung. Möglicherweise sind wir es aber auch deshalb, weil der Ehemann ständig unterwegs ist oder uns emotional allein läßt – vielleicht trifft sogar beides zu. So oder so erleben wir alle, wie tief und weit uns unser Dasein als alleinerziehende Mütter isoliert: es betrifft unser Herz und innerstes Wesen, unsere heutige Existenz und auch unsere zukünftige Entwicklung. Doch aus dieser Isolation heraus können wir stark werden, können neue Einsichten gewinnen und unsere eigenen Ressourcen entdecken. Wir können zu Schutzwällen für unsere Kinder werden und sie abschirmen, während wir sie leiten, voranbringen und kräftigen; zu starken Mauern, die vom Mörtel der Hoffnung zusammengehalten werden. An manchen Tagen werden wir stellenweise zusammenbrechen, in verborgenen

Winkeln oder auch an Stellen, wo es alle sehen. An anderen Tagen gewinnen wir an Dichte und Struktur und bekommen neue Gewißheit, daß wir es trotz allem schaffen werden.

Ich lade Sie ein, mich auf meiner Reise zu begleiten. Das folgende sind Momentaufnahmen – einzelne Perlen an der Kette der Zeit. Ich hoffe, daß Sie sich an manchen Stellen selbst wiederfinden werden; daß Ihnen die Bandbreite und Intensität der Gefühle bewußt werden wird, die Sie bewegen und schon immer bewegt haben. Die bereicherndste, befriedigendste Erfahrung der Welt – Mutter zu sein – kann zuweilen unglaublich anspruchsvoll, enttäuschend und demoralisierend sein, besonders dann, wenn man dabei allein ist. Die Unerbittlichkeit des Lebens und der Kinder kann einen leicht an den Rand der Kräfte bringen.

Und nun erheben Sie Ihr Herz mit mir. Lassen Sie Ihr Herz singen. Lassen Sie es stöhnen und schreien; und knirschen Sie ruhig auch mal mit den Zähnen. Nur wer den tiefsten Schmerz zuläßt, kann sich hernach auch jubelnd freuen! Lassen Sie Ihr Herz die Wahrheit jener alten Volksweisheit entdecken: Je tiefer der Schmerz im Herzen bohrt, desto mehr Raum schafft er für die Freude.

Lisa Hussey

Ein eingelöstes Versprechen

Gepriesen sei Gott, der Vater unseres Herrn Jesus Christus, der Vater voller Barmherzigkeit, der Gott, der uns in jeder Not tröstet! In allen Schwierigkeiten ermutigt er uns und steht uns bei, so daß wir auch andere trösten können, die wegen ihres Glaubens zu leiden haben. Wir trösten sie, wie Gott auch uns getröstet hat.

2. Korinther 1,3–4

Dies ist die Geschichte einer Reise,
die ich mit Gott und meinen drei Söhnen
Sean, Neil und Jeff
angetreten habe.
Begonnen hat sie vor acht Jahren:
eine ereignisreiche Reise,
ein Weg der Schmerzen und der Triumphe.
Je mehr ich im Glauben wuchs und an Weisheit,
Erfahrung und Stärke zunahm,
desto häufiger wurden die Siege;
und bald wogen sie allmählich
die Zeiten der Not auf.

Oft wünschte ich mir,
jemanden zu haben, der mich inspirieren
und leiten könnte;
der mir zuflüstern würde:
«Das schaffst du schon!» –
einen «Jesus in Fleisch und Blut», wie meine
liebe Freundin Judy May zu sagen pflegte.
Ich brauchte Menschen, die mir weiterhalfen,
an deren Schulter ich mich ausweinen konnte,
die mich aufhoben, wenn ich gefallen war,
die mir einen Tritt in den Allerwertesten gaben,
wenn ich im Selbstmitleid steckenblieb.

Gott schickte mir solche Menschen,
und ich versprach ihm,
daß ich all den Schmerz, den ich erlebt hatte,
dazu benutzen würde, andere zu ermutigen:
andere Frauen wie mich,
die an verschiedenen Stationen des Weges
als alleinerziehende Mütter angelangt sind –
Frauen, die am liebsten aufgeben
und ihr Herz der Bitterkeit öffnen würden.

Dieses Buch mit Gedanken aus dem Herzen,
Rufen aus der Tiefe der Seele,
Horizonterweiterungen
und – hoffentlich – Humor
ist die Einlösung jenes Versprechens.
Wenn mein Buch
nur *eine* alleinerziehende Mutter anspricht;
ihr die Last ein wenig erleichtert,
sie ein bißchen weniger unter dem
Schuldgefühl leiden läßt, nicht zu genügen,
weil sie nicht vollkommen ist;
wenn es ihr hilft,
freundlich über sich selbst zu lachen;
wenn es ihr Kraft gibt,
sich selbst und ihre Kinder weiter zu lieben,
nicht aufzuhören, für die eigenen Bedürfnisse
und die ihrer Kinder zu sorgen
(denn man kann nur weitergeben, was man
hat, habe ich entdeckt, und wenn man
überzeugt ist, man sei nichts, kann man auch
seinen Kindern nichts Positives vermitteln):
dann hat das Buch seinen Zweck erfüllt.

Gott hat mir die Chance gegeben,
neu anzufangen.
Er hat mir drei wunderbare Söhne geschenkt,
die ich beim Heranwachsen begleiten darf.
Er hat meine Eltern, Bill und Rhoda Hussey,
als seine Helfer benutzt:

Sie haben mich gestützt, mich inspiriert,
mich herausgefordert.
Sie haben in mir die Überzeugung gestärkt,
daß ich alles vermag durch Christus,
der mich mächtig macht.
In seiner Weisheit sorgte Gott dafür,
daß meine Eltern mich
zur Selbständigkeit erzogen
und mir einen solchen Durchhaltewillen
mit auf den Weg gaben,
eine solche Beharrlichkeit,
daß ich nicht bereit war,
aufzugeben,
nachzugeben
oder nach Hause zu rennen.

Das folgende kommt von Herzen.
Ich bete, daß es Ihr Herz berührt.

Jenes Wort: Scheidung

Meine Finger zitterten, das weiß ich noch.
Meine Kehle war zugeschnürt.
Ich stockte,
alle Worte blieben mir im Hals stecken,
erstickt von hilflosem und zornigem
Schluchzen.

«Ich muß mit Ihnen reden
über ... über ...
Ich will mich sch-scheiden lassen.»

Da war es heraus, das gefürchtete Wort.

Es hatte
meine zusammengepreßten Lippen passiert
und durch den Telefonhörer
das Ohr des Rechtsanwalts erreicht.

Scheidung? Unaussprechlich!

Hatte ich nicht das bloße Wort seit mehr
als fünf Jahren zu verdrängen versucht?
Christen lassen sich nicht scheiden,
so glaubte ich felsenfest,
während ich betete, flehte,
Kompromisse schloß, rationalisierte –
Monat um Monat,
Jahr um Jahr.

Wer in einer Spirale abwärts trudelt,
herumgewirbelt
von der Verantwortungslosigkeit
eines anderen Menschen,
kann den Sturz unmöglich selbst abfangen
und sich wieder aufwärts bewegen.

Es ist wie in jenen Alpträumen,
    in denen die Beine wie Blei sind
    und einen unwiderstehlich nach unten ziehen.
Man bemüht sich verzweifelt,
    an die Oberfläche zu kommen,
    aber die schweren Beine halten einen zurück
    und hindern einen daran, sich freizustrampeln.

Ich ertrank
    in einem Meer der Lügen
    und der Rechtlosigkeit,
    des verbalen Mißbrauchs
        und des Schmutzes.
Entweder ich versank jetzt, oder ich ergriff
    das Rettungsfloß namens «Scheidung»,
    das mich, wie ich nur zu gut wußte,
    nicht ins Meer der Stille bringen würde,
        sondern in die Chaosbucht,
        durch die Glaubensstraße
    und ins Meer des Neubeginns.

Flüchtlingsmutter

«Wir haben solchen Hunger, Mama!»
Schon die Stimmen zerrissen mir das Herz –
aber erst die hungrigen Augen!
Ich konnte es nicht mehr ertragen.
Ich nahm den Telefonhörer ab;
ich sah mich die Nummer des Pizzakuriers wählen.
«Schicken Sie mir eine *Peperoni gigante*!»
krächzte ich.
Sie jubelten – verblüfft, ungläubig.
«Kostet das denn nicht zu viel?»
fragte mich einer meiner Söhne.
«Heute nicht!» erwiderte ich.

Ich rechtfertigte den Luxus mir selbst gegenüber
mit dem Argument,
daß die Speisekammer leer war.
Die Jungen und ich würden ausziehen,
nächste Woche,
gleich nach dem Gerichtstermin,
bei dem das Sorgerecht einstweilig
festgelegt werden würde.
Mein zukünftiger Ex-Mann hatte,
während wir in der Schule, im Kindergarten
und in der Kinderkrippe gewesen waren,
die Vorräte geplündert, die ich angelegt hatte.

Ich griff nach dem gemeinsamen Scheckbuch.
Noch einmal würde ich beten müssen,
daß der Scheck gedeckt war.
Heute abend betete ich mit halbem Herzen.
Mir war alles egal.
Meine Jungen würden Pizza essen –
das allein zählte.

Dampfend und von einer Kräuterduftwolke
umgeben kam sie an.

Der Geruch von Tomaten und Paprika
stieg in vier Nasen und zog sie
unwiderstehlich hin
zu der flachen braunen Schachtel.
Die Tür fiel hinter dem Pizzakurier ins Schloß,
und ich rief: «Nach oben! Ins Extrazimmer!»

Ich weiß noch, wie ich die Schachtel öffnete.
Das Bild hat sich mir unauslöschlich eingeprägt:
das Bild von drei kleinen Wolfsjungen
im Alter von zwei, vier und sechs Jahren,
bereit, sich auf ihre Beute zu stürzen,
die Zungen zwischen den Lippen,
die Augen glänzend.
Ob wir Servietten hatten, Teller
oder etwas zu trinken,
daran erinnere ich mich nicht mehr.
Ich weiß aber noch, wie hungrig ich selbst war.
Doch ein Blick in ihr Gesicht, dann zog ich mich
zurück und sagte:
«Bedient euch, Jungs!»

Zwischen Pizzaboden und Schachtel klebte Käse,
Soße rann den dreien das Kinn hinunter.
Die kleinen Gesichter leuchteten.
Eine saftige Pizza hatte das Wunder gewirkt.
Sie hatte die gehetzten, hungrigen Augen
zum Strahlen gebracht.

Sie aßen, bis nur noch Teile des Randes
übrig waren, harte, dunkle Kruste.
Sie lehnten sich zurück – satt, zufrieden.
«Danke, Mama! Danke!» ertönte es im Chor.
Dann ließen sie sich in die Kissen
auf der Couch fallen,
drei struppige Blondschöpfe,
drei dicke Bäuche.
Nun konnten sie sich ganz einem Spiel widmen.

Ich klappte die Pizzaschachtel zu und brachte sie
nach unten.
Erst in der Küche hob ich den Deckel
und schnappte mir die harte Kruste.
Sie war das einzige,
was ich von dieser Pizza mitbekam.
Die Jungen haben es überhaupt nicht gemerkt.

Aber das Bild meiner drei Jungen,
die über die *Peperoni gigante* herfielen,
nährte meine Seele
und zerriß sie gleichzeitig.

So etwas sollte es nicht geben.
So etwas *muß* es nicht geben.

Die Leute sind befangen, Herr!

«Wir lassen uns scheiden,
wir kaufen uns eine Scheune,
aber wir haben noch nicht wieder
geheiratet.»

Der sechsjährige Sean plapperte eifrig vor sich hin,
seine blauen Augen blitzten,
während er zu der großen älteren Dame
emporblickte, die im Supermarkt hinter ihm
in der Kassenschlange stand.
Sie lächelte mitfühlend zuerst ihn an,
dann mich.
Kurz darauf wechselte sie die Schlange.

Die Leute sind befangen, Herr.
Ich weiß es, denn mich macht das Ganze
wahnsinnig nervös.
Seit zwei Wochen leben wir nun allein.
Ich blicke auf meine tollen Jungs hinunter:
Sean, ein heller, quirliger Sechsjähriger;
Neil, vierjähriges Quecksilber,
ständig in Bewegung;
Jeff, ein pummeliger blonder Bär,
fast noch ein Baby.

Wie sollen wir es schaffen, Herr?
Wie kann ich den dreien alles sein,
was sie brauchen,
ohne selbst dabei draufzugehen?
Wie soll ich es nur schaffen,
jeden Morgen um halb sechs aufzustehen,
drei Jungen auf Trab zu bringen,
ihnen Frühstück zu machen,
Mittagsbrote, Schulranzen

und Windeltasche zu packen
und einigermaßen zurechnungsfähig
aus dem Haus zu gehen,
obwohl ich eigentlich ein Morgenmuffel bin?

Schon nach zwei Wochen in diesem Stil
verfolgen mich die Worte meines Ex-Mannes:
«Du wirst nie alleine zurechtkommen!
Das schaffst du nie!
Du hast die drei Jungen am Hals,
und du wirst bald
auf dem Zahnfleisch gehen.
Denk bloß nicht, daß dich noch jemand will ...»

Ich schaue mich um
in dem scheunenförmigen Haus
aus den frühen sechziger Jahren,
das ich gemietet habe,
mit seiner Einrichtung
in Gold-, Grün- und Orangetönen.
Ich sehe mein Gesicht, meine Gesichter
in den vierundzwanzig Spiegelfliesen
an der Küchenwand.

«Denk bloß nicht, daß dich noch jemand will»?

«*Ich* will mich!» sage ich
zu meinen zahllosen Spiegelbildern.
«*Ich* will mich, und das ist genug!»

Wieder allein

Ich wollte, daß mich jemand festhielt.
Ich sehnte mich nach Armen,
  die mich umschlangen,
  zärtlich,
  warm,
  fest.

Da lag ich
  und zitterte
  unter meinen steifen, kratzigen Bettüchern.

Und ich dachte, ich überlebte es nicht,
  wenn mich nicht bald jemand
    in den Arm nähme.

Wenn nicht bald jemand
  meinen Rücken streicheln würde,
  seine Beine um meine schlingen würde
  und mich an sich ziehen würde,
  Bauch an Rücken wie Löffel an Löffel.

«Halt mich fest,
  halt mich einfach nur fest!»
  flüsterte ich in die Dunkelheit.

Plötzlich kündigten Geräusche und Licht
  den Morgen an.
Ich schüttelte mich, um wach zu werden,
  und merkte, daß ich wieder allein war.

EINS IST EINE HALBE ZAHL

Wenn ich ein Lied schreiben könnte,
würde ich es «Eins ist eine halbe Zahl» nennen.

So empfinde ich es nämlich,
wenn einer meiner Söhne
wieder einmal Sporttag hat
oder eine andere Veranstaltung in der Schule
oder im Kindergarten,
bei der die Eltern freiwillig mithelfen.

Wenn der Dienstplan verteilt wird, steht da:
Tom und Betty
Bob und Cathy
Jim und Debbie
dann
Lisa
und weiter geht's mit
Randy und Cindy
Phil und Nancy
und so weiter.

Meine Augen brennen,
und ich habe einen Kloß im Hals,
wenn ich meinen Namen

isoliert

auf dem Blatt sehe.

Da steht er,

allein,

und beweist, daß ich ohne Partner bin
und das solo erledigen muß.

Es ist so schwarz auf weiß,
so konkret.

Irgendwie schreit es laut heraus,
daß ich ein Versager bin,
während es mir zuflüstert:
Versteck dich!
Exponier dich nicht!
Schütz dich!

Ich falte das Blatt, stecke es ein
und gehe bedrückt zu meinem Wagen.
Ich lasse mich auf den Fahrersitz fallen
und suhle mich im Selbstmitleid.

Minuten vergehen,
bevor eine sanfte, leise Stimme
sich zu Wort meldet.

Ich krame in meiner Handtasche,
suche einen Bleistift
und ergänze den Dienstplan:

«Gott und»
füge ich vor «Lisa» ein.
Gott und Lisa.

«Ich bin immer und überall bei euch,
bis an das Ende dieser Welt!»

MATTHÄUS 28,20

Hör auf!

Aufgeben, Herr? Ich doch nicht!
Da bin ich aber aus anderem Holz geschnitzt!
Ich gebe nicht auf, und wenn es noch so
drunter und drüber geht.
Ich beiße die Zähne zusammen und posaune meine
Durchhalteparolen
um so lauter heraus, je weniger sie mich selbst
überzeugen.

Nein, sagst du, es ist okay aufzugeben.

Wie meinst du das, Herr?

Und dann geht mir ein Licht auf.

Manchmal gehört mehr Mut dazu,
manchmal kostet es mehr Kraft,
loszulassen, aufzugeben, zu verzichten.

Hör auf, dir Sorgen zu machen, flüsterst du.
Vertrau mir!
Hör auf, Schuld nachzutragen. Vergib!
Laß das Zaudern. Mach's *jetzt*!
Hab keine Angst mehr. Nimm meinen Geist
der Zuversicht an!
Hör auf, dich selbst zu hassen. Vergib dir,
nimm dich an, liebe dich!
Hör auf, alles selbst machen zu wollen.
Nimm meine Hilfe an!
Hör auf, andere zu kritisieren. Arbeite an dir selbst!
Zweifle nicht mehr. Glaube!

Also gut, Herr,
dann gebe ich eben um deinetwillen auf.
Ich habe das Gefühl,
nur so kann ich wirklich gewinnen.

Wer bin ich?

Wer bin ich?
Jetzt, wo ich nicht mehr verheiratet bin,
bin ich da wieder Lisa Hussey?
Oder bin ich immer noch Lisa Dearman?
Lisa Hussey bin ich länger gewesen,
aber Lisa Dearman ist neueren Datums.
Meine Söhne heißen Dearman.
Will ich anders heißen als sie?
Ist das überhaupt wichtig?
«Was ist ein Name?» hat Shakespeare
vor langer Zeit gefragt.
Er spielt eine große Rolle, würde ich sagen.
Wie unterschreibe ich meine Schecks?
Wie reden mich meine Schüler an?
Welchen Namen schreibe ich mit Filzstift
auf meine Unterrichtsmaterialien?

Ich habe viele Schülerinnen und Schüler gehabt,
deren Mütter zum zweiten Mal geheiratet
und folglich noch einmal einen neuen
Familiennamen angenommen haben.
Das ist so verwirrend.
Manchmal habe ich schon Eltern verärgert,
da ich sie mit dem Nachnamen ihrer Kinder
angeredet habe, statt mit ihrem eigenen.
Manche Familien haben bei der Schulleitung
den Antrag gestellt, daß die Kinder den
Namen des neuen Vaters benutzen dürfen.
Bei anderen hat dieser die Kinder adoptiert,
so daß sie legal seinen Nachnamen tragen.
Wenn das für mich als Erwachsene
schon verwirrend ist,
wieviel mehr muß es dann erst
die Kinder durcheinanderbringen!

Wer bin ich?
Vielleicht sollte ich Lisa Hussman sein!

Ich bin nicht hinter deinem Mann her!

«He!» hätte ich am liebsten gerufen.
«Du dumme, unsichere Frau!
Ich bin nicht hinter deinem Mann her!
Er war so nett, mir die Kühltasche zu tragen
voll mit Limo- und Colaflaschen für die
Fußballmannschaft.
Aber als ich dann gelächelt
und mich bei ihm bedankt habe,
war das *keine* Einladung!
Ich habe mich lediglich bei ihm
für seine Freundlichkeit bedankt.
Punkt.»

Was ist so besonders an einer geschiedenen Frau,
daß die Frauen in ihrer Umgebung
ihr so vorsichtig, mißtrauisch und zuweilen
offen feindselig begegnen?
Ich habe mich gerade von den Schmerzen
und dem emotionalen Aderlaß erholt,
unter denen ich bei einem Mann
gelitten habe.
Mir ist wahrhaftig nicht danach zumute, mich
schon wieder auf den nächsten einzulassen.
Und selbst wenn ich an einer neuen Beziehung
interessiert wäre,
dann würde ich mir sicherlich nicht
deinen Mann aussuchen –
den kannst du gerne behalten!

Ich möchte einfach als Mensch behandelt werden,
freundlich, mitfühlend,
einfühlsam und respektvoll.
Und dich will ich genauso behandeln.

Laß mich doch bitte dazugehören!
Lade meine Kinder und mich ein:
zum Essen, zu Ausflügen, zu Partys.
Wir brauchen den Kontakt zu heilen Familien.
Wir möchten einbezogen werden,
willkommen sein,
geschätzt werden.
Bitte isoliere uns nicht
wegen deiner eigenen Angst und Unsicherheit.
Wir fühlen uns in dieser Paarwelt
doch schon als Versager!
Hilf uns, daß wir uns nicht gedemütigt
in einen Winkel verkriechen,
sondern gib uns etwas von deiner Kraft ab,
Brücken wiederaufzubauen,
statt Mauern zu errichten.

Streck uns eine Hand entgegen,
und zieh uns in deine Welt!

Wir werden *beide* davon profitieren.

Warum ich, Herr?

Warum ich, Herr?
Was habe ich verbrochen,
daß ich mich diagonal
in einem Ehebett wiederfinde
und in mein Kissen heule,
auf das ich eben noch wütend
eingedroschen habe?
Es ist mit heißen Tränen der Verzweiflung gefüllt
statt mit Daunen.
Würde ich es ausdrücken, ich bin sicher,
Bitterkeit würde heraustropfen.

Meine Gedanken spielen verrückt.
Ich kann sie nicht aufhalten.
Ich kann nicht mehr!
Ich kann meinen Söhnen nicht alles sein!
Sie sind zu dritt, ich bin allein;
sie sind jünger, haben mehr Ausdauer.
Sie schaffen mich!

Ich bin so müde, Herr, kann aber nicht schlafen.
Ich kann die Sorgen in meinem Kopf
nicht abschalten.
Wo werde ich das Geld hernehmen, um ihnen
eine Ausbildung zu finanzieren?
Warum verdienen Grundschullehrerinnen
denn bloß nicht mehr?
Ach was, wer denkt schon an Ausbildung …
Woher bekomme ich das Geld,
um die Stromrechnung zu bezahlen?
Womit bezahle ich die drei Sets Schulfotos?
Wie finanziere ich neue Turnschuhe
für die Füße, die viel zu schnell wachsen

und deren Besitzer sich offenbar
einen Spaß daraus machen,
mit den Zehen über den Gehsteig zu schürfen
und durch Pfützen zu platschen?

Oh, Herr, wo bleibt der Schlaf?
Viel zu schnell wird es wieder halb sechs sein,
und ich brauche doch ein bißchen Ruhe!
Ruhe …?
Da gibt es doch diesen Bibelvers –
wie hieß er gleich?

«Kehrt doch um zu mir, und werdet ruhig,
dann werdet ihr gerettet!
Vertraut mir, und habt Geduld,
dann seid ihr stark!»

JESAJA 30,15

Oh, Herr, erinnere mich daran,
wenn ich mich mal wieder
wie Charlie Brown fühle,
der in seiner Kartonschachtel hockt
und klagt: «Warum ich, Herr?»
Wenn ich rotiere wie ein Hamster
in seinem Laufrad und
wenn mir während der Nachhilfestunde
die Augen zufallen
oder mitten in der Predigt
oder während einer Lehrerkonferenz.

Ruhe und Vertrauen
und Geborgenheit
in dir.

Neuanfänge

Wenn eine Kristallvase aus den Fingern rutscht
und auf dem Marmorfußboden zerschellt;
wenn ein Ei zerschlagen wird
und die gezackten Bruchstücke der Schale
verstreut daliegen;
wenn die Blütenblätter einer Rose
abgerissen werden,
zerrupft,
und von achtlosen Füßen zertreten –
dann lassen sie sich nicht mehr zusammensetzen.

Im Leben von Menschen ist das anders.
Wir können weitermachen.
Für uns gibt es
Neuanfänge,
eine blütenweiße neue Seite,
auf die wir den Text von heute
schreiben können.

Neues Vertrauen

Wie kann ich wieder zu vertrauen beginnen, Herr?
Wie kann ich mich aus der Umklammerung durch
den angstvollen Kampf ums Überleben lösen?
Ich möchte ja vertrauen,
aber jemand hat mich so schlimm
und so oft hintergangen,
hat mein Leben mit so vielen Unwahrheiten
erfüllt,
daß ich kaum noch die Wahrheit erkenne.

Man hat Geschichten über mich verbreitet, Herr.
Horrorstorys. Lügen.
Sogar meinen Söhnen gegenüber hat man
meinen Charakter durch den Dreck gezogen.
Im Zorn sind Menschen zu den unglaublichsten
Sachen fähig.
Im Schmerz auch.
Hütet euch vor blinder Wut, warne ich die Leute,
die mir wichtig sind.
Hütet euch vor Haß, dem Krebs der Seele.
Er sondert den Eiter der Verbitterung ab,
der bis in alle Winkel des Herzens dringt.

Tränen helfen. Reden hilft auch.
Doch wie mir ein weiser Mann einmal sagte:
Erst denken, dann reden.
Du mußt dir überlegen, wem du was sagst.
Du mußt starke Mauern
um dein verwundetes Herz bauen;
du darfst Leuten, die dich verurteilen würden,
keinen Zutritt zu deinem Innersten gewähren;
Leuten, die nie in deiner Haut gesteckt haben;
Leuten, die nie deinen Schmerz gefühlt haben.
Verschenk nicht deinen gesamten Goldschatz.
Spar dir etwas davon auf;
du weißt nie, was kommt;

und vielleicht brauchst du ihn schneller,
als du gedacht hast.

Auch Laufen hilft. Lange Spaziergänge,
auf denen du deinen Gedanken nachhängst
oder abschaltest
oder zum Murmeln von Bächen,
die unter Brücken nach nirgendwo fließen,
Nonsensliedchen trällerst.

Wie haben wir eigentlich den ersten Schritt getan,
Herr, du und ich?
Jenen winzigen Schritt in Richtung Freiheit,
der mit sich brachte, daß ich begann,
die Bitterkeit loszulassen,
ehe sie zu Haß erstarrte?
Es war etwas so Unscheinbares!
Nur ein kleiner Anfang,
ein Schimmer von Vergebung,
der in den Glanz des Friedens führte.
Es war, als setzte ich einen zitternden Fuß
auf den Klippenrand
und spränge …

Wandern

Meine Freundinnen ziehen mich auf,
wenn sie mich an den Wochenenden,
an denen ich die Jungen habe,
nicht erreichen
und ihre Nachrichten auf dem
Anrufbeantworter hinterlassen müssen.
«Die Supermutter» nennen sie mich
und sagen lachend,
ich sei wahrscheinlich wieder mal irgendwo
auf einer Expedition im Dschungel
oder so.
Und wahrscheinlich haben sie recht.
Wahrscheinlich machen wir tatsächlich gerade
eine Wanderung durch irgendeinen Wald
oder auf irgendeinen Berg.

Ich kann mir auch nichts Besseres vorstellen,
was ich mit drei energiestrotzenden Jungen
unternehmen könnte,
die die Welt erobern wollen.
Soll ich sie etwa in die Stadt ausführen?
In die Fußgängerzone?
«Seht mal, Jungs!
Da drüben haben sie die ausgeflippten
Designerklamotten, die ihr wahrscheinlich
niemals tragen werdet ...»
«Aber könnten wir nicht ...?»
«Also, *dir* passen die Sachen von deinem
älteren Bruder doch prima.
Und für *dich* sehen wir uns mal da hinten
im Discountladen um.»

Nein danke!
Das haben meine Jungs nicht verdient!

Wenn wir uns etwas Neues zum Anziehen kaufen,

ist das ein Fest.
Wir kaufen, was wir uns leisten können.
So ein Einkauf ist etwas Besonderes,
etwas, worauf wir uns freuen,
und was uns guttut.
Ich werde meine Jungs doch nicht unnötig
enttäuschen!
Ich werde sie doch nicht an Orte ausführen,
wo sie all die tollen Sachen sehen müssen,
die sie nicht haben können!

Wir gehen in den Wald.
Wir erklimmen einen Berg.
Wir wandern und klettern mit unseren Rucksäcken,
die vollgestopft sind
mit Orangen und Rosinen
und belegten Broten
und Äpfeln und Dörrfrüchten.
An einer Seite baumelt die Feldflasche,
an der andern der Feldstecher.
Unsere Jacken haben wir uns
um den Bauch gebunden.
Wir singen, wir jodeln, wir rennen.
Wir träumen.
Jeder der Jungen hat sich einen passenden
Wanderstock gesucht
und benutzt ihn, bis es Zeit ist heimzukehren.
Dann wird er für den nächsten Wandersmann
zurückgelassen.

Es gibt da einen riesigen Felsblock,
der wie eine Elefantenherde aussieht.
Da spielen sie Safari;
und dann klettern sie hinauf und blicken
aus luftiger Höhe
weit ins Land hinaus.

Manchmal nehmen wir Freunde mit,
und immer wieder mal kommt es vor,

daß wir zufällig jemandem begegnen,
den wir kennen.
Meistens aber sind wir vier ganz allein unterwegs.
Wir wandern kräftig und genießen es.
Immer und immer wieder.

Ich unternehme diese Expeditionen nicht mit ihnen,
um eine «Supermutter» zu sein.
Ich hoffe vielmehr, daß ich ihnen
die größten Geschenke, die es gibt,
zugänglich machen kann:
wenn man das Leben und alles,
was man bekommen hat,
dankbar annehmen kann;
wenn man spürt, was er alles leisten kann,
der eigene Körper;
wenn man die Natur in ihrer ganzen Schönheit
entdeckt;
und wenn man sich an der Freude freut,
die durch nichts zu ersetzen ist.

Freude um der Freude willen.
Etwas, was in der Fußgängerzone
allzuleicht verlorengeht.

Aruba

«Also Aruba, das *mußt* du gesehen haben, Lisa!
Es ist einfach *phantastisch*!»

Die Worte taten weh.
Nicht weil sie böse gemeint gewesen wären,
sondern weil sie keine Rücksicht
auf meine Möglichkeiten nahmen,
gedankenlos waren,
unsensibel,
unbarmherzig.

Es ist was dran an der Geschichte von dieser Meile,
die wir «in den Mokassins des anderen»
wandern sollten!
«Komm, ich zeig dir mal meine letzten Fotos
von der Karibik!»
Das klingt nicht gerade attraktiv,
wenn man selbst nicht mal Geld für die
Pizzeria an der Ecke hat.

Reib's mir nicht auch noch unter die Nase!,
möchte ich flüstern.
Zeig mir nicht einen derart schreienden Kontrast,
daß ich versucht bin, mich zu bemitleiden.
Behalte bitte deine 10x15 cm Hochglanzfotos,
und laß mir meine Erinnerungen
an meine Sommerferien zu Hause
und an meine Cola light mit Zitronenscheiben
für einen Hauch von Südsee-Stimmung.

Kein Märchenprinz am Horizont

Ich hatte den Leuten gesagt,
ich wartete nicht darauf, daß ein edler Ritter
oder ein Märchenprinz in mein Leben treten
und mich «erlösen» würde.
Und es war mir ernst.

Doch dann traf ich einen Mann,
der mein Herz im Sturm eroberte –
und ich glaubte auf einmal,
er sei die Lösung aller meiner Probleme.

Aber er ging so streng mit meinen Kindern um.
Okay – war das nicht genau das,
was sie brauchten?
Eine starke männliche Hand?
Einen, der ihnen sagte, wo's langgeht?
Festigkeit?
Und doch fragte eine leise Stimme
tief in meinem Inneren,
ob es *wirklich* nötig war,
daß er die Kinder
hinauf in ihre Zimmer schickte,
weil sie nicht den Rosenkohl essen wollten,
den er mitgebracht hatte.
Du liebe Zeit, ich selbst kann das Zeug ja auch
nicht ausstehen!

Er wußte und bestimmte alles.
«Colas im Taco Bell? Nein!
Wir wollen alle Wasser trinken.»
(Ach ja? Wollen wir?)
«Was, die verlangen in der Videothek ein Pfand?
Die können mich mal!
Der Film interessiert uns sowieso nicht,
auch wenn wir eine dreiviertel Stunde

gebraucht haben, um ihn auszusuchen.
Und hört auf zu meckern, Kinder!»

Es dauerte nicht lange, da verblaßte sein Glanz.
Sicher, er war Jurist, sah toll aus und so weiter –
doch der Lack blätterte trotzdem ab.
Er schuf Probleme, wo es vorher
keine gegeben hatte.
Er war arrogant, eigensinnig und herrschsüchtig.

Als er aus meinem Leben verschwand,
ging mir etwas Wichtiges auf:
Niemand kann dein Leben für dich
«in Ordnung bringen».
Es gibt keine Märchenprinzen.
Ich muß bereit sein, mein Leben mit Gottes Hilfe
selbst zu meistern. Für immer.
Vielleicht werde ich nie jemanden haben,
der mir hilft, meine Kinder zu erziehen
und für sie zu sorgen.
Aber ich vermag alles durch den,
der mich stark macht.
Und auf die Hilfe von eingebildeten,
rosenkohlsüchtigen Märchenprinzen
kann ich liebend gern verzichten.

Schade!

Es ist etwas Seltsames mit dem Selbstmitleid.

Es schleicht sich auf Samtpfoten in mein Herz ein,
umschlingt es unmerklich mit scharfem,
stahlhartem Draht,
zieht plötzlich die Schlinge zu – ganz fest.
Und schon bin ich innerlich zerrissen.

Mein Inneres, eine weiche Masse:
drei Tage alte Corn-flakes,
die sich in meinem Magen aufblähen und gären.

Ein Lied weckt eine Erinnerung,
und schon sinniere ich:
Wie schön wäre es gewesen, wenn damals …
Wie wäre das, wenn jetzt …
Warum sollte es nicht möglich sein, daß …

Stop! sage ich mir.
Das kannst du dir nicht antun!
Du bist, wo du bist.

Sieh der Realität ins Auge!

Aber eine Hoffnung bleibt mir noch,
an ihr halte ich fest:

«Die Güte des Herrn hat kein Ende,
sein Erbarmen hört niemals auf,
es ist jeden Morgen neu!
Groß ist deine Treue, o Herr!
Darum sage ich:
Herr, ich brauche nur dich!
Auf dich will ich hoffen.»

Klagelieder 3,21–24

Fang einen neuen Morgen an, sage ich mir.
Geh in die einzig mögliche Richtung – vorwärts! –,
und vertrau auf die Treue Gottes.
Lebe im Glauben und in der Hoffnung,
denn Glaube und Hoffnung vertreiben
das Selbstmitleid.

Blind Date

Wie habe ich mich nur zu so etwas überreden
lassen können, Herr!
Ein *blind date*?
Eine Verabredung mit einem unbekannten
Mann?
In meinem Alter?
Der Schweiß läuft mir den Rücken hinunter.
Mein Mund ist ausgetrocknet.

Worüber sollen wir uns denn unterhalten?
Und wenn er nun ein richtiges Ekel ist?
Und wenn er nun zu schüchtern ist,
den Mund aufzutun?
Was ist die Mindestminutenzahl, die man
bei einem *blind date* ausharren muß?
Warum hält meine Frisur nicht so, wie ich es will?
Und wenn er nun findet, ich sähe alt aus?
Und wenn er nun blöd tut, wenn er erfährt,
daß ich Kinder habe?

Ganz ruhig! sage ich meinem Spiegelbild.
Das schaffe ich schon!
Moment mal, er ist ein Freund von Sue, oder?
Da kann er ja wohl nicht so schlimm sein.

Na ja, eigentlich ist er ein Kollege von Sues Mann.
Hat sie ihn überhaupt je persönlich kennengelernt?
O Schande, da ist schon der Sitter!
Wo ist mein Schuh, mein zweiter Schuh?
Hab ich überhaupt Rouge aufgetragen?
O nein, jetzt ist's zuviel.
«Hallo, ich bin Shirley Temple»,
könnte ich beim Reinkommen sagen.
Summe ich wirklich «I Have Confidence»
(«Ich habe Vertrauen») aus *The Sound of Music*?

Ich muß übergeschnappt sein.
    Ruft die Leute mit der Zwangsjacke!

Ruhig, Lisa!
Keine Angst, du schaffst das schon!
Sei einfach du selbst.
Tief durchatmen
    und die Treppe hinunter ...

Umweltbewusst

Jemand sagte mir einmal, ich sei extrem
umweltbewußt.
Damit wollte er mir wohl kein ökologisch
geschärftes Gewissen attestieren,
sondern zum Ausdruck bringen,
daß ich stimmungsmäßig sehr sensibel auf
meine Umgebung reagiere.
Wie recht er damit hatte, erkannte ich erst
in dem Jahr, in dem ich jedes Umfeld,
in welchem ich mich bewegen mußte,
verabscheute.

Ich war schon zu der Überzeugung gekommen,
daß ich die Inneneinrichtung des Hauses,
das ich mietete, scheußlich fand:
die Farben, die Bodenbeläge,
den Mangel an Licht, die dunkle Holztäfelung.
Aber ich konnte ja in meinem Auto mit seinen
hellen Grautönen im Innenraum
zur Schule fahren,
und dort verbrachte ich meinen Tag
in meinem neuen Klassenzimmer,
in dem ich mit leuchtenden Farben
eine freundliche Atmosphäre
geschaffen hatte.
Dort konnte ich mich an dem wunderschönen
Teppich und den prächtigen Schränken freuen.
Und das machte die Abendstunden erträglicher.

Zwei Ereignisse veränderten all das.
Erstens wurde ich aus dem Hauptgebäude
der Schule ausquartiert, und zwar
ins «Provisorium» (einen Container)
in einem Winkel des Schulgeländes.
Die Inneneinrichtung war schmutzig, alt,
primitiv – bah.

Dann schien es auch noch täglich zu regnen,
und ich ruinierte mir ungezählte Schuhe.
Zweitens begann mein Auto zu spinnen.
Kleinere und größere Reparaturen
häuften sich.
Und mein liebevoller, wunderbarer Vater
besorgte mir einen neuen Wagen
und brachte ihn mir persönlich
aus Kansas City.
Ich freute mich und war tief bewegt,
und ich möchte auch nicht
undankbar erscheinen,
aber ... der Innenraum des Wagens ist rot –
knallrot –, und bei rot sehe ich rot;
nicht im Laufe der Zeit,
sondern sofort!

Warum muß ich alles, womit ich zu tun habe
und was mir gehört,
so unerträglich finden?
Wo immer ich lebe oder arbeite,
stört mich irgend etwas.
Dort, wo ich Großes vollbringen sollte,
da, wo ich mich entspannen möchte,
ja sogar unterwegs zu den Orten
der Entspannung.
Wo finde ich Linderung oder Heilung
für meine Augenqual?

In jenem Jahr beschloß ich, aufzugeben
und zu meinen Eltern nach Kansas City
zurückzukehren.
Nachts lag ich wach im Bett
und entwarf ein gemütliches, anheimelndes
kleines Landhaus, in dem ich mit den Jungen
leben würde.
Ich malte mir mein ideales Klassenzimmer aus.
Ich schwärmte von Autos mit neutralen
Innenräumen.

Wenn sich nur meine Umstände ändern würden,
dann könnte ich endlich
so viel glücklicher sein.

Allmählich schlich sich bei mir eine Verbitterung
ein, wie ich sie noch nie erlebt hatte,
und gleichzeitig begann es mir zu dämmern,
daß man mit Wegrennen keine Probleme löst.
Man kann sie vielleicht eine Zeitlang verdrängen,
aber auf Dauer hilft nur eins:
Was man nicht ändern kann,
das muß man eben akzeptieren.

Wenn nur, wenn nur …

Ich würde mich mit meiner Situation in Atlanta
aussöhnen müssen,
ehe ich anderswo Frieden finden könnte –
aussöhnen mit einem dunklen, tristen Haus,
mit einem schmutzigen alten Container
und mit roten Autositzen.

Du hast mich gelehrt, Herr, daß du größer bist
als alle Umstände.
Dankt Gott in allem, heißt es.
Nicht nur, wenn mein ästhetisches Empfinden
zufriedengestellt ist,
sondern auch – und gerade dann –,
wenn es gequält reagiert.

Schüttle den Staub von deinen Füssen

«Wenn euch jemand nicht aufnehmen und eure Rede nicht hören wird, so geht heraus aus diesem Hause oder dieser Stadt und schüttelt den Staub von euren Füßen.»

Matthäus 10,14; Luther

Heute ist es wieder mal passiert, Herr.
Wieder hat jemand eine Bemerkung über «diese
alleinerziehenden Mütter» fallen lassen,
und es hat so geklungen, als sei
jede unverheiratete Person
allein schon wegen ihres dubiosen
Familienstandes
unvorsichtig
oder liederlich
oder unmoralisch.
Alleinerziehende lassen ihre Kinder
Stunde um Stunde unbeaufsichtigt.
Alleinerziehende kaufen sich
von den Unterhaltsbeiträgen für die Kinder
künstliche Fingernägel.
Alleinerziehende kümmern sich nicht
um die Schularbeiten ihrer Kinder.

Jemand erzählte von einer Brandkatastrophe,
bei der ein ganzes Haus
völlig ausgebrannt war.
Dabei wurde ausdrücklich betont,
es sei eine *alleinerziehende Mutter* gewesen,
die eine Geburtstagsparty für ihr Kind
veranstaltet hatte
und der eine glühende Kohle
vom Grill gefallen
und unter die Bodenbretter der Holzveranda
gerollt war.

Ich sah, wie die anderen weise dazu nickten.
Man weiß ja schließlich,
daß alleinerziehende Mütter unaufmerksam sind,
daß sie nicht mit einem Grill umgehen können
und überhaupt zu blöde sind,
Funken zu entdecken
oder Flammen zu ersticken.

Und wie oft habe ich es als Lehrerin
zu hören bekommen:
Es sei doch klar, dieses Kind stamme aus
einer Familie mit nur einem Elternteil
(welch ein Fortschritt, daß man nicht mehr von
zerbrochenen Familien spricht!),
und viele Probleme, die das Kind habe,
seien einzig und allein *darauf* zurückzuführen.

Wer nicht tagtäglich in deiner Haut steckt,
hat keine Ahnung,
was alleinerziehende Mütter
jeden Tag leisten müssen,
ohne daß es auffällt
und ohne daß es ihnen gedankt wird.

Bis mal irgend etwas schiefgeht.
Wer kennt sie schon,
die zermürbende Hektik, die nie nachläßt;
die hunderttausend Einzelheiten,
welche bedacht werden müssen;
die Last der Verantwortung,
von der du fast erdrückt wirst.

Ich habe mich entschlossen, Herr,
es so zu machen, wie es deine Jünger
bei Leuten halten sollten,
die deine Botschaft nicht hören
und annehmen wollten:
Wenn gewisse Menschen uns nicht
akzeptieren können, wie wir sind,

werden wir den Staub von unseren Füßen
schütteln und weitergehen
und keine wertvolle Zeit damit vergeuden,
uns Gedanken um die Meinung derer
zu machen,
die uns unfair verurteilen.

Wir sind keinem als nur dir Rechenschaft schuldig.

Punkt.

Amen.

Klebstreifen unter meiner Schuhsohle

Herr, heute will ich dir besonders
für meine Freundin Pam Dean danken.
Niemand kann mich schneller und herzlicher
zum Lachen bringen als sie.
Ich *brauche* Menschen in meinem Leben,
die mir helfen, über mich selbst zu lachen,
wenn ich mich und mein kleines Leben
allzu wichtig nehme
und die Last des Universums
auf meinen Schultern trage.

Danke für die verrückten Karten,
die Pam mir über ihre Schülerinnen
in der Schule zukommen läßt.
Für ihre zwerchfellerschütternden Vergleiche.
Für ihren Mutterwitz.

Ich weiß noch, Herr,
eines Tages war ich fix und fertig.
Irgend etwas hatte mich
total aus der Fassung gebracht.
Und da sagte sie zu mir: «Hey, Lisa! Reg dich ab!
Das ist doch nur ein Klebstreifen
unter deiner Schuhsohle!
So was ist lästig,
und du möchtest es loswerden,
aber es ist nicht lebensgefährlich.
Spar dir deinen Ärger für Wichtigeres auf!
Also – hol tief Luft, mach, was möglich ist,
und gewöhn dich daran,
daß das Zeug klebrig ist,
jedenfalls noch 'ne Weile.»

Der dumme Klebstreifen kommt mir ziemlich oft
in den Sinn!

Phantastisch, wie du mir durch andere Leute
so tiefe Wahrheiten vermitteln kannst, Herr.
Und danke, daß du es immer wieder
so humorvoll tust!

Augen zu beim Fahren!

Die Dämmerung brach schon herein
an jenem Freitag,
als wir vier durchs «Bonzenviertel» fuhren,
um Sean bei seinem Freund Mark abzuliefern,
wo er übernachten wollte.

«Wir kommen zu spät!» beklagte sich Sean.
«Wir kommen *immer* zu spät», lachte ich.
«Lisa ist mein zweiter Vorname.
Mein erster ist Last-Minute!»
«Ha, ha!» (Der Witz ist uralt.)
«Welche Straße, Sean?» fragte ich.
In Walker's Ridge finde ich mich nie zurecht –
so viele Seitenstraßen und Abzweigungen,
Ringstraßen und Stichstraßen und Sackgassen.
«Erste links. Und dann sofort rechts. Viertes Haus.»
Ich lächelte. Nicht umsonst nenne ich Sean
unseren wandelnden Stadtplan.

Wir rasten die letzten Meter zu Marks Haus,
wo Mark schon aus der Haustür geschossen kam.
«Hey, Mann, wo *bleibst* du denn?»
Und dann kam ihm gerade noch in den Sinn:
«Oh, hey, Mrs. Dearman.»
«Tschüß, Sean, Lieb…»
Die Autotür wurde zugeknallt
und schnitt mir das Wort ab.
Sean, den Rucksack lässig über eine Schulter
geschwungen, schritt lachend auf die Haustür zu
und winkte mir noch kurz hinterher.
«Also, Jungs, nächste Haltestelle: Videothek!»
kündigte ich an.

Während wir den Weg aus dem Viertel heraus
suchten, wurde es ruhig im Wagen.

Ich fuhr noch langsamer und genoß die Abendstille,
die sich über die wunderschönen Häuser senkte.
Ich blickte nach links und sah
ein dezent erleuchtetes,
geschmackvoll eingerichtetes Eßzimmer.
Seidenblumen auf dem Eichentisch.
Schwere Tapeten an den Wänden.
Wie schön!
Ein Haus nach dem anderen zog vorbei.
Die kostbaren Vorhänge waren offenbar
zum Ansehen da
und nicht, um neugierige Blicke abzuhalten.
Die Wohnzimmer luden geradezu
zum Betrachten ein.

Plötzlich zerriß es mir schier das Herz.
Warum haben *die* alles und ich nichts?
Herr, das ist doch unfair!
Was hab ich Schreckliches getan,
daß ich ständig dafür bestraft werde?
Ich triefte so von Selbstmitleid, daß mir
die Augen brannten.
Auf meinen Schultern lastete das erdrückende
Gewicht aller *Warums* und *Warum-gerade-Ichs*.
Der schöne Abend war verdorben, verschüttet
von einer dicken Jammerschicht.
Ich wälzte mich in meinem Elend,
suhlte mich darin wie ein Schwein
im Schlamm.
Und natürlich bekamen auch meine Jungs
ein paar gehörige Spritzer ab.

Wir waren ein trauriger Haufe, als wir heimkamen
mit unserer lauwarmen Pizza und unserem
Disneyfilm *Apple Dumpling Gang*.
«Zum hunderttausendsten Mal ...»
knirschte ich innerlich.

Jetzt reichte es mir.
  Ich Arme!
  Bekam einfach nicht, was ich mir wünschte!
  Keine Villa.
  Keine maßgefertigten Vorhänge.
  Nur Plastikrollos. Sonderangebot.
Schrecklich!

«Hilfe, Herr!» betete ich.
«Hilf mir, selbst an trübsinnigen Abenden
  wie diesem dankbar zu sein;
  dankbar für alles, was ich habe,
  vor allem für drei gesunde Söhne,
  für liebende Eltern in Kansas City,
  für eine gute Stelle in einem Beruf,
    der mir viel Freude macht,
  und für meine Gesundheit.»

«Und beim nächsten Mal»,
  schienst du mir zuzuflüstern,
  «machst du in dieser Gegend beim Autofahren
  am besten die Augen zu, Lisa!»

Trost ist süss

Reich mir bitte die Marzipankugeln!

Mir geht's mies.

Ich bin *down* –
so down, daß es mir total egal ist,
ob meine Oberschenkel aneinanderreiben,
ob meine Jeans spannen,
ob meine Bundweite expandiert.

Hau ab von meinem Bildschirm, Cindy Crawford!
Zeigt mir *echte* Menschen.
Gebt mir was zu lachen,
auch wenn ich dabei heule.
Zeigt mir echte *Menschen*!
Heute abend spüre ich es:

meine Einsamkeit,
mein Versagen,
daß ich nirgends richtig dazugehöre,
daß ich Single bin.
daß ich alle Entscheidungen allein treffe,
daß ich die ganze Verantwortung allein trage,
und daß all dies so fürchterlich
ungerecht ist.

Manchmal *kann* ich einfach nicht mehr.

Manchmal würde ich am liebsten rufen:
«So ein Mist!»,
mitten in die Sonntagspredigt hinein.

Also – her mit den Marzipankugeln!
Her mit der ganzen Packung!

Ich will mich, wenigstens diesen Abend lang,
mit süßen Kalorien trösten.
Wenigstens diesen Abend lang
will ich meinen Kummer
in Zucker, Mandeln und Schokolade ersäufen.

Die Belohnung

Wir bogen im Eiltempo um die Ecke,
weil wir ganz schnell etwas besorgen wollten.
Da sahen wir es:

Ein schwarzes Lederportemonnaie
mitten auf der Straße –
weit und breit kein Mensch.
Außer uns hatte es noch niemand gesehen.

Ich bremste, stieg aus und hob es auf.
«Ach du liebe Zeit!» sagte ich. «Seht mal
all die vielen Kreditkarten!
Da wird sich aber jemand ganz schön Sorgen
machen!»
Ich wendete und fuhr nach Hause.

Es läutete an der Haustür.
Draußen stand ein großer, dünner Mann,
der nervös an seiner Baseballkappe
herumfummelte.
Begleitet wurde er von einer Frau
und einem kleinen Mädchen.
«Sie haben angerufen und gesagt, Sie hätten
mein Portemonnaie gefunden», sagte er.
«Kommen Sie doch herein – bitte –,
es ist so kalt draußen.»
Ich hielt ihm lächelnd sein Portemonnaie hin.

«Sie glauben ja nicht … Sie ahnen ja nicht …»,
stotterte er.
«Meine sämtlichen Kreditkarten … Ich hatte
befürchtet, irgendein junger Schnösel würde
sie finden und damit auf Einkaufstour gehen.
Ich muß das Portemonnaie auf dem Autodach
abgelegt haben, als ich was am Motor meines
Wagens repariert habe.»

«Wie nett von Ihnen, daß Sie angerufen haben»,
schaltete sich seine Frau ein.
Meine drei Jungs strahlten mich stolz an.

«Hier, das ist für Sie», sagte der Mann
und nahm eine Zwanzigdollarnote
aus dem «geretteten» Portemonnaie.

«Nein!» Sachte schob ich seine Hand zur Seite.
Ich lächelte.
«Nein. War doch selbstverständlich, daß ich Ihnen
das Portemonnaie zurückgegeben habe.
Machen Sie sich von dem Geld einen schönen
Abend mit Ihrer Familie!»

Sie zogen wieder ab,
lachend und immer noch ungläubig
den Kopf schüttelnd, nachdem wir uns
noch eine Weile unterhalten hatten
über sein Hobby, Autos,
über Fußball
und über Orte in New Jersey.

Meine Jungs waren mächtig beeindruckt,
daß ich keinen Finderlohn angenommen hatte.
«Wow! Das war cool, Mama!»

Etwas anderes wäre für mich gar nicht in Frage
gekommen.
Ich hätte es nicht für richtig gehalten.
Warum hätte ich mich bezahlen lassen sollen
für etwas, was doch eigentlich
selbstverständlich war?
Für etwas, was Gott von mir erwartete?

Ein Monat verging.
Wir sahen die Portemonnaie-Familie
bei Fußballspielen
und in der Nachbarschaft.

Dann winkten wir einander zu
und wechselten ein paar Worte.

Eines Tages leuchtete mein Bremsbelag-Warnlicht
auf.
Ich hatte schon vorher gemerkt, daß mein Wagen
beim Bremsen «irgendwie komisch» reagierte.
Ich rief meinen Portemonnaie-Freund und
Hobby-Automechaniker an.
Ich fragte ihn, ob er mir eine Werkstatt
empfehlen könne, die zuverlässig arbeite.

«Aber sicher. *Meine* Garage»,
sagte er zu meiner Verblüffung.
«Bringen Sie mir Ihren Wagen vorbei.
Ich schau mir das mal an,
kaufe die nötigen Ersatzteile in der Werkstatt
und tausche die Beläge hier bei mir zu Hause aus.
Dann müssen Sie nur das Material bezahlen.»

War das ein Gefühl, für die ganze Reparatur
einen Scheck über 27 Dollar und 17 Cents
auszustellen!

Du erntest tatsächlich, was du gesät hast,
Das Gute kommt zu dir zurück.

Selbstschutz

Ich habe gelernt, mich selbst um unser
Wohlergehen zu kümmern –
meine verwundbaren Gefühle zu schützen
und einen Zaun um meine Jungen und mich
zu ziehen
mit Warnschildern wie «Abstand halten!» und
«Bitte mit Respekt behandeln!».
Aus demselben Grund habe ich auch
die Ostersonntagsgottesdienste gemieden,
seit ich allein bin.

Ich habe gelernt, mich von Anlässen fernzuhalten,
wo Selbstmitleid die Fortschritte,
die ich erzielt habe,
wieder zunichte machen könnte;
wo ich in peinliche Situationen geraten könnte,
in denen meine Selbstachtung,
zu der ich wieder gefunden habe,
in Staub und Asche zerfällt.

Von Anlässen wie den Festessen des Fußballklubs,
wo Tischkärtchen verkünden,
daß zu «Frau X» ein «Herr X» gehört
so wie der Salzstreuer zum Pfefferstreuer.

Von Fototerminen für das illustrierte Jahrbuch
der Kirchengemeinde,
bei denen ich mich ebenso tapfer
wie erfolglos bemühe,
daß drei kleine Jungen im entscheidenden
Augenblick
die Hemdzipfel im Hosenbund haben
und die Haare ordentlich anliegen;
und daß ich selbst nicht die Fassung verliere
angesichts all der «richtigen» Familien mit Vätern.

Und von Ostersonntagsgottesdiensten,
bei denen sich die Familien
als Familien präsentieren.
Kleine Jungen mit modischen neuen Sportjacken
werden von Stöckelschuhmüttern
hinter sich hergezogen,
und kleine Mädchen in Samt und Seide
und mit Schleifchen im Haar
trippeln hinter ihren Papas her.
Alle Familien sehen aus, als seien sie
Werbeplakaten entsprungen,
wenn sie in ihren Parfumwolken
vorüberhuschen,
wie die Verrückten winken,
lächeln, lächeln;
wenn sie Tante Inge, Onkel Fred
und den Kindern zurufen,
daß sie sie bei Oma treffen werden,
aber vorher noch im Tankstellenshop Sprite
und Tiefkühl-Schwarzwäldertorte und
Mango-Eis besorgen müssen,
die sie vergessen haben.

Nein, das erspare ich mir.
Wir feiern Ostern auf unsere eigene Weise
mit Osteromeletten,
dreimal Ostereiersuchen im Garten
und dem Erzählen der Ostergeschichte,
wobei wir uns zusammenkuscheln,
vier Osterhäschen in ihrem Osternest.

Wir stellen uns auf *unsere* Art der Wirklichkeit.

Und wir schützen uns vor zuviel Phantasie.

Teppichfest

Er hatte die häßlichste Farbe,
die ich je gesehen hatte.
Und er war mir in dem Haus als erstes
ins Auge gestochen.
Verfilzt, fleckig, stellenweise abgeschabt,
wellig, goldbraun.
«O nein!» stöhnte ich,
«mit so einem gräßlichen Teppichboden
kann ich nicht leben.»
Aber irgendwie hatte ich es in den vergangenen
zweieinhalb Jahren geschafft, ihn zu
ignorieren oder wenigstens zu tolerieren.

Er gehörte zu den Dingen,
für die ich Gott täglich um Kraft
zum Ertragen bat
und die ich doch höchst unwillig ertrug.

Ich gewöhnte mir an, den Blick höher zu richten
und meine Augen einen Meter fünfzig
über Teppichhöhe
zu arretieren.
Kunstdrucke zierten meine Wände.
Pfirsich- und cremefarbene Blumen
zwischen Marmor
lenkten die Aufmerksamkeit dezent ab,
lenkten ab von dem schrecklichen Boden.
In meinem Wohnzimmer standen Möbelstücke
aus meinem wunderschönen Haus,
dem Haus mit dem cremefarbenen Teppich
und dem ständigen Streit,
dem Haus, aus dem ich ausgezogen war,
um neu zu beginnen
und Frieden zu finden.
Die Farben der Möbel, ja, die liebte ich –
rosenrot, pfirsichfarben, creme, schieferblau.

Das Plaudersofa mit den vielen Kissen
und den Blumenmustern.
Den Schreibsekretär mit elegant geschwungenen Beinen.
Kristall- und Porzellanvasen, die Messing-Standuhr.
Das alles wirkte frisch, luftig, feminin.
Doch *unter* all dem dieser grauenhafte Teppichboden!
Mir drehte sich der Magen um.

Das Wohnzimmer war der erste Raum,
den ich zu Gesicht bekam,
wenn ich morgens die Treppe hinunterhüpfte;
und der letzte, den ich sah, bevor ich das Licht ausknipste,
um müde die Treppe in Richtung Bett hinaufzuschleichen.

Eines Tages verkauften meine Eltern meine Original-Barbie-Puppen für mich,
und von dem Geld schaffte ich mir einen wunderbaren Teppich an
in Rosa- und Cremetönen auf Marineblau,
weich, flauschig, dick.
Er verdeckte den Filz des Grauens
bis auf wenige häßliche Zentimeter,
die unter den Rändern hervorlugten.
Die ganze Wohnung sah auf einmal so anders aus,
daß die Jungen und ich es kaum glauben konnten.

Wir vier traten immer wieder ins Wohnzimmer,
standen am Rand dieses Wunderwerks
der Knüpfkunst und staunten es an.
Zuerst brachten wir es nicht übers Herz,
den «heiligen Boden» auch nur zu betreten.
Dann – ich weiß nicht, wie die Idee aufkam
und wer von uns sie als erster aussprach –

beschlossen wir,
den Eßtisch zur Seite zu räumen,
Musik anzustellen
und zu tanzen.
Junge, Junge, haben wir getanzt!
Die Musikstücke waren so unterschiedlich wie wir.
Unsere Tanzstile auch.
Mondschritte und Schwimmzüge,
Twist und Schlenker,
Kartoffelstampfer und Elfenreigen.

Stundenlang tanzten wir; tanzten,
bis unsere Gesichter
überreifen Tomaten glichen;
bis wir eimerweise eiskaltes Wasser
trinken mußten;
bis wir uns nur noch erschöpft auf die Stühle
fallen lassen konnten –
lachend, glücklich, mit strahlenden Augen und
pochenden Herzen.

Wir fühlten uns so lebendig, so vital,
so miteinander verbunden und vereint,
so gut.

Irgendwann kamen die Jungen mit der Idee,
ich solle «Strobo-Frau» spielen.
Sie drückten mir zwei Taschenlampen in die Hände
und sagten:
«Die mußt du hin und her schwenken und sie
ein- und ausschalten wie Stroboskope, Mama!
Nein, Mama, schneller! Viel schneller!»
Ich glaube, zwei Musikstücke lang
habe ich durchgehalten,
dann fielen mir fast die Arme ab,
und ich verkündete meinen endgültigen Rücktritt
als Strobo-Frau.

Rückblickend staune ich,
wie ein Teppich so viel Freude
und Begeisterung auslösen konnte.
Ein Teppich,
der unter «normalen Umständen»
und ohne seinen scheußlichen Untergrund
wahrscheinlich als selbstverständlich
hingenommen und kaum beachtet
worden wäre.

Ich glaube, diesen Tanzabend
und seine befreiende Wirkung
werden wir nie vergessen.

Er gehört zu den Schätzen,
die man nicht mit Geld kaufen kann,
Geld von Original-Barbie-Puppen
oder anderem Geld.

Nudeln & Co.

Danke, Herr, für Teigwaren.
Sie sind etwas Wunderbares.
Teigwaren sind einfach.
Sie sind preisgünstig.
Jungen lieben sie.
Und das Beste: Ich kann sie immer wieder anders zubereiten.
Und schon denken meine drei, sie bekämen ein total neues Gericht!

Heute gibt's Tortellini nach Art des Hauses, Jungs.
Gestern gab's Muscheln.
Morgen gibt's vielleicht Spiralnudeln.
Neu ist unter Umständen nur
die Breite der Bandnudeln
oder die Dicke der Makkaroni
oder der Durchmesser der Spaghetti.
Oder die Soße ist anders.

Ein Stück Knoblauchbrot dazu
oder trockene Hotdog-Brötchen, halbiert,
mit Butter bestrichen und überbacken –
das ist für sie ein Festessen!

Klar, eines Tages werden sie genug davon haben
und sich was anderes wünschen.
Aber noch sind sie damit mehr als zufrieden.

Und wenn am Monatsende noch ein paar Scheine übrig sind …

Drei Kissen und zwei Ritzen dazwischen

Wer hätte gedacht, daß ich mich so freuen könnte
über ein gebrauchtes Sofa,
das ich an einem regnerischen Abend
aus der Wohnung einer anderen Lehrerin
abholen konnte!
Ich war begeistert,
regelrecht ekstatisch, aufgedreht vor Freude.
Endlich
kein schmerzender Allerwertester mehr
vom Hocken auf unserer zweisitzigen
Eichen-Kirchenbank vor dem Fernseher.
Endlich
eine Sitzgelegenheit zum Schmusen
und zum Lesen
und zum Zusammensein;
Gemütlichkeit und Wärme und Bequemlichkeit;
unser erstes «neues» Möbelstück,
seit wir allein waren.

Vor allem aber
drei Sitzkissen und zwei Ritzen dazwischen,
so daß jeder der drei Jungen sein eigenes
Territorium hatte mit der Anweisung:
«Darum wird nicht gestritten!»

Ach ja, und ein Refugium für die Mutter,
wo sie ein paar Minuten «abschlaffen» kann,
vor sich hin dämmern, abschalten,
sich abschotten
und einigermaßen zur Besinnung kommen …
bevor der Spaß wieder von vorn losgeht!

Wir alle sind manchmal alleinerziehende Mütter

Ich meine oft,
wenn etwas mit meinen Kindern «nicht stimmt»,
dann liegt das daran,
daß ich eine alleinerziehende Mutter bin.
Was ich als Mutter erlebe
und *wie* ich mein Muttersein erlebe,
sei typisch für alleinerziehende Mütter.
Mir ginge es so viel schlechter als anderen Müttern.

Und dann unterhalte ich mich mit Müttern.
Und ich höre ihnen zu.
Vor allem höre ich ihnen zu.

Dabei habe ich herausgefunden,
daß sich die *meisten* Mütter
allein gelassen fühlen,
zumindestens manchmal.
Der Herr Gemahl – sofern sie denn einen haben –
ist zeitweilig abwesend,
mit den Gedanken woanders,
mit Wichtigerem beschäftigt
oder hat keine Ahnung von Kindern
und ihren Ansprüchen und Bedürfnissen.
«Den Erziehungskram» überläßt er seiner Frau.

Viele Mütter fühlen sich damit überfordert.
Nicht jede Minute an jedem Tag –
gewöhnlich kommen die meisten von uns
einigermaßen zurecht.
Aber ganz sicher nicht immer.

An manchen Tagen schaffen wir es einfach nicht,
gute Mütter zu sein
und in der Hitze des Gefechts
richtig zu entscheiden.

Manchmal geben wir alles, was wir haben,
aber es reicht immer noch nicht.

Manchmal läuft die Waschmaschine gleichzeitig
mit der Toilette über,
und während du dich darum kümmerst,
läßt jemand den Hund raus
und verschüttet die letzte Milch –
und das alles *vor* dem Frühstück.

Es gibt Tage, an denen die lieben Kleinen
nichts als «Blödmann!» und «Idiot!» von sich
geben.
An denen dir der Herr Sohn mitzuteilen geruht
(fünf Minuten bevor der Bus kommt),
daß er heute verkleidet in der Schule
erscheinen muß.
An denen du für die Pausenbrote
nichts als Krusten hast
und kein einziges Trinkpäckchen mehr
im Kühlschrank.
An denen dir der Kopf zerspringt
und das Herz bricht,
weil jemand gerade dein Kind angerufen hat,
nur um ihm mitzuteilen,
daß es *nicht* zu dem Geburtstagsfest
eingeladen ist.

Das sind die Augenblicke, in denen wir –
Single oder verheiratet, allein gelassen
oder mit viel Unterstützung gesegnet –
uns ganz deiner Gnade anvertrauen müssen,
Herr;
deine Kraft anzapfen,
uns auf deine Liebe verlassen
und uns dir auf Gedeih und Verderb
ausliefern.

Unendliche Babysitter-Geschichten

«Ich hab 'ne Sitter-Depression!
Es ist so schwer, jemanden zu finden,
der sich liebevoll um meine Jungen kümmert,
wenn ich nicht zu Hause sein kann.
Und in letzter Zeit,
wo ich Extrajobs übernehmen muß,
damit das Geld reicht,
bin ich so oft weg. Viel zu oft.»

Dieses Klagelied sang ich häufig
am Beginn meiner Karriere
als alleinerziehende Mutter.
Inzwischen habe ich mich im Umgang mit Sittern
durchzusetzen gelernt.
Ich habe gemerkt, wie naiv ich gewesen bin,
wie gutgläubig;
und wieviel schärfer mein Blick heute ist.
Zu Anfang ließ ich mich blenden
und fiel darauf herein, wie sich die Leute mir
präsentierten,
nur um anschließend herauszufinden,
daß sie die ganze Zeit am Telefon gehangen
oder die Jungen angeschnauzt
oder vor der Haustür geraucht hatten.

Einmal wurde ich beim Nachhausekommen
von einem erzürnten Babysitter empfangen.
Die junge Dame beklagte sich bitterlich,
meine Jungen seien so schlecht erzogen,
daß sie sie nicht dazu habe bewegen können,
still in der Anmeldung sitzen zu bleiben
und den Zigarettenautomaten in Ruhe zu lassen.
Als ich sie fragte, wovon sie eigentlich rede,
erklärte sie mir, sie hätte ihr Auto wegen der
Bremsen in die Werkstatt bringen *müssen*

und hätte *natürlich* damit nicht warten können,
bis ich nachmittags nach Hause kam.
Dann sei es doch wohl zu spät.
Ich sagte ihr, ich würde meine Jungen nie mit in
eine Autowerkstatt nehmen und dort
wer weiß wie lange warten lassen.
Da sagte sie mir, die paar Stunden, das sei doch
wahrhaftig nicht lang gewesen.
Sean hatte seine Kuscheldecke mit dem Häschen
namens Jackie mitgenommen,
sie prompt vergessen,
versucht, dem Mädchen das zu sagen,
und auf dem ganzen Heimweg wie am Spieß
gebrüllt.
Als er mir das erzählte, rief ich sofort in der
Werkstatt an, nur um zu erfahren,
daß man die Decke dort als Lumpen –
so sah sie ja auch wirklich aus! –
in die Abfalltonne geworfen hatte
und daß das Müllauto jeden Moment kommen
konnte.
Die Jungs und ich – der Sitter hatte plötzlich eine
ganz dringende Verabredung –
rasten zur Werkstatt und wühlten mit dem Chef
und einem Mechaniker in der Mülltonne herum.
Ich ruinierte mein Kleid,
machte mir die Hände so schmutzig,
daß ich sie bestimmt nie wieder sauber
bekommen würde,
und mußte auch noch den Wagen der Müllabfuhr
aufhalten.
Aber wir fanden sie schließlich, die Decke.
Sie sah fast wieder wie vorher aus, nachdem ich
sie fünfundsechzigmal gewaschen hatte …

Ein andermal traf ich zu Hause drei wütende,
beleidigte Jungen an,
die Sandwiches mit Erdnußbutter und Gelee
vorgesetzt bekommen hatten,

während der Sitter und ihr Freund sich an
einer Pizza gütlich getan hatten,
die sie bestellt hatten, nachdem ich aus dem
Haus gegangen war.

Wieder eine andere «Tagesmutter» nahm
die Jungen mit in ihren Fitnessklub
und steckte sie dort in den Kinderhort,
während sie selbst ihr Aerobic- und
Speckwegprogramm abspulte.
Ich kam erst dahinter, als die Jungen nebenbei
erwähnten, sie gingen jeden Tag
in den «Klub».
Ich war wütend, sie aber fand gar nichts dabei,
daß ich ihr das Training bezahlte,
während sie andere auf die Jungen
aufpassen ließ.

So entwickelte ich bald ein gesundes Mißtrauen
und achtete sorgfältig darauf,
wem ich meine Jungen anvertraute.
Ich gab eindeutigere Anweisungen, ließ keinen
Zweifel daran aufkommen, was ich erwartete,
und sagte klipp und klar, was für mich
unter keinen Umständen in Frage kam.
Ich mistete aus.

Ich war extrem wählerisch, plante so weit wie nur
eben möglich voraus
und bezahlte meine Sitter –
trotz meiner mageren Finanzen –
ausnehmend gut.
Ich sah mich gezwungen, meine Familie
zu schützen; zu sagen:
Für uns ist nur das Beste gut genug,
und zwar in jeder Hinsicht.

Wir sind VIPs, sehr wichtige Leute –
vielleicht nicht in den Augen der Welt,

aber in den Augen unseres liebenden Vaters,
dem wir so sehr am Herzen liegen,
daß er meinen Söhnen die beste Pflege
angedeihen lassen will.

Auf einen Kaugummi treten

Finden Sie es auch so eklig,
auf einen Kaugummi zu treten?

Ein Kaugummi ist eine klebrige Angelegenheit.
Und am meisten ärgert einen,
daß jemand anders ihn ausgespuckt hat
und man selbst zufällig drauf getreten ist und
nun damit fertig werden muß.

Bei jedem Schritt, den man tut,
schmatzt es jetzt –
es klebt, hält einen auf,
macht einen verrückt.

Ich bin vor Jahren in einen dicken Klumpen
getreten,
und den kriege ich nicht richtig von meinem
Schuh ab.

Was, Sie möchten einen Kredit?
Sorry – Ihre Zahlungsfähigkeit ist nicht
gewährleistet.
Ihr Sohn hat eine Lernschwäche,
die normalerweise durch ein väterliches Gen
vererbt wird.
Hat Ihr Ex-Mann ähnliche Probleme gehabt?
Tut mir leid, Ihren Scheck kann ich nicht
annehmen. Laut Computer war vor sechs
Jahren ein Scheck von Ihnen nicht gedeckt.
Ich hab Ihnen das nie gesagt, weil ich
dachte, es wäre Ihnen peinlich,
aber Ihr Ex-Mann hat gesagt …

Finden Sie es auch so eklig,
auf einen Kaugummi zu treten?

Er bleibt ein Leben lang
an einem kleben, meint man.

Schecks, die nicht gedeckt sind

Es sollte gesetzlich verboten sein,
Schecks auszustellen,
die nicht akzeptiert werden.

Schecks, die platzen
und dann den Kontostand
durcheinanderbringen,
so daß andere Schecks –
Schecks für Lebensmittel,
für die Wasserrechnung
und für Zahnspangen –
ebenfalls platzen.

Man sollte einem Scheck ansehen können,
ob er gedeckt ist,
bevor man ihn einreicht.

Man sollte irgendwie aufhören können
immer noch zu glauben,
immer noch zu hoffen,
daß sich eine bestimmte Person ändert.
Es sollte gesetzlich verboten sein,
so naiv-vertrauensselig zu sein,
denke ich,
während ich
wieder einmal
mit einem ungedeckten Scheck in der Hand
dastehe.

Einmal muss doch Schluss sein!

Es gibt keinen Schlußstrich unter einer Scheidung,
 wenn Kinder da sind.
Und du weißt, Herr, wie schlecht ich mit
 unabgeschlossenen Dingen umgehen kann.
Zum Leben als geschiedene Mutter
 gehört das Besuchsrecht;
 das Packen für das Wochenende oder
  die Ferien beim Vater;
 die Nachwirkungen:
  Trotzanfälle aus Übermüdung
 und die mühsame erneute Gewöhnung
  an den Alltag,
 die schon in zwei Wochen wieder gestört wird.
 Dazu gehören auch die Telefonanrufe
  zu den unpassendsten Zeiten.
 Dazu gehören die Sportgeräte,
 die an einem Regentag per Post kommen,
 nachdem du gesagt hast: «Nein, die sind zu teuer.»

 Und dann der Zorn.
 Du bist es leid,
 eine Schachfigur in diesem Spiel zu sein,
 das du gar nicht spielen willst.

Nirgendwo in der Bibel heißt es: «Selig sind
 die Geschiedenen»,
 die Opfer,
 die darunter leiden müssen,
 daß ein anderer sich alles mögliche leistet.

Ich weiß ja, daß du die Jungen und mich liebst.
Ich weiß ja, daß du für uns sorgst.
Aber, Herr, wann werde ich erleben,
 daß die ganze Sache endlich einmal
 abgeschlossen ist?
Du weißt, wie schlecht ich umgehen kann
 mit unabgeschlossenen Dingen.

Thanksgiving I

Dieses Jahr will ich es mal richtig machen.
Ich will mal richtig Erntedank feiern,
Thanksgiving à la Norman Rockwell.
Von A bis Z, mit Truthahn, Kartoffelpüree,
Preiselbeerkompott und allem,
was dazugehört.

Ich benutze jeden Topf und jede Pfanne
und alles Geschirr.
Das beste Tischtuch und Stoffservietten zieren
unseren Tisch.
Ein Festmahl, ein Gala-Diner,
mit dem ich mein schlechtes Gewissen
beruhigen will,
weil wir uns wegen unseres hektischen
Lebensstils
so oft von Konservenkost und einer Packung
Corn-flakes ernähren.

Jetzt gibt es nach langer Zeit endlich ein Mahl
zum Genießen,
zum Sich-Zeit-Nehmen,
zum Zelebrieren.

«Was ist denn das für'n Zeug?»
«Äääh! Muß ich das essen?»
«Wo sind die Kraft-Makkaroni mit Käse?»
«Kann ich nicht einfach Spaghetti haben?»

Ich falte meine Serviette zusammen
und lege sie sorgfältig neben meinen Teller.
Ich weiß, wann ich verloren habe.

«Wißt ihr was, Jungs», lächle ich sie an,
«wie wär's, wenn wir uns *Aladin* anschauen?»

Sie blicken mich mit großen Augen an
und warten auf die Strafpredigt.
Sie bleibt erstaunlicherweise aus.

Statt dessen schaffe ich es, Gott sei Dank,
aufzustehen und mit beschwingten Schritten
von einem Tisch wegzugehen,
der überquillt von
«Was ist denn das für'n Zeug»
im Wert von 74 Dollar und 56 Cents.

Nur ja nicht zurückschauen!

Ich werde besser im Werfen!

Ich werde besser im Werfen, Herr!
Meine Söhne lachen mich anerkennend an,
denn nach und nach
fliegen mehr Bälle in Richtung Schlagmal.
Aus dem ungeduldigen
«Also schön, Mama,
probier's noch mal!»
wird ein strahlendes «Wow, Mom,
nicht schlecht!»

Wir rennen im unkrautüberwachsenen,
pflegebedürftigen Vorgarten herum,
eine kleine Vierermannschaft:
drei kleine Jungen mit Baseballmützen und
großen Träumen
und eine Frau, die wirft, was das Zeug hält.
Dem älteren Paar, das in seinem blauen Auto
Tag für Tag an uns vorbeifährt
und uns freundlich zuwinkt,
ist längst aufgefallen: Da fehlt der Mann.
Ihre Augen signalisieren Mitgefühl und
Aufmunterung, senden eine Botschaft wie:
«Nur weiter so! Du machst das prima,
du armes kleines Frauchen
mit deinen drei wilden Jungen.
Armes Kind ...»

Ich spüre, wie ich ihnen leid tue.

Ich spüre es auch im Gemüsegeschäft,
in der Kirche, auf dem Fußballfeld, im Kino,
vor allem aber im Restaurant,
wenn wir vier eintreten und
die Bedienung hinter uns blickt und fragt:
«Tisch für fünf Personen? Oder nur vier ...?»

Immer lauert dahinter die unausgesprochene Frage:
«Die Ärmste! Was ist denn bloß passiert?»
Eine selbstbewußte Frau, blond, feminin,
freundlich, mit sanfter Stimme,
mit drei lebhaften, lauten, wilden Jungen
«geschlagen» ...

Wie können sie auch wissen,
daß diese Jungen die Freude und das Glück
meines Lebens sind,
auch wenn sie mich manchmal
fast zur Verzweiflung treiben?
Sie reißen mich mit,
sie geben mir Schwung.

Und ohne sie wäre ich womöglich
nie besser im Werfen geworden!

«Jetzt reicht's mir!»

Palmen,
riesige braune Palmen
auf einer schweren dunklen Tapete
paßten einfach nicht als Hintergrund
zu meinem Bett
mit seinem Holzrahmen
und den vier Pfosten.

Sie bildeten einen scheußlichen Kontrast zu dem
glänzenden Kirschbaumholz
und dem Überwurf mit dunkelroten,
meerschaumgrünen, cremefarbenen
und terrakottabraunen Streifen.
Die kleinen Kissen, die sorgfältig
an die großen Polsterkissen angelehnt waren,
schienen mir zuzuwispern:
«Rette uns! Wir halten das nicht mehr aus!»

Und so sagte ich eines Abends: «Jetzt reicht's mir!»
Ich kletterte barfuß auf mein Bett
und begann vorsichtig an einer Ecke einer
Tapetenbahn zu zupfen.
Zögernd, Millimeter für Millimeter zupfte ich
und war erstaunt, wie leicht sich die Tapete
von der Wand löste.
Fast als würde sie ihren angestammten Platz
ebenso gern verlassen,
wie ich sie loswerden wollte.
So begann ich zu reißen;
ganze Bahnen auf einmal riß ich ab.
Sie schienen nur so davonzufliegen.
Ich jauchzte vor Freude.

Sean stand fassungslos im Rahmen meiner
Schlafzimmertür.

Sein Gesichtsausdruck sagte: Jetzt ist sie endgültig
übergeschnappt!
«Komm hier rauf, Sean!» trompete ich. «Mach mit!»
Ungläubig, aber schnell, bevor ich zur Besinnung
käme und es mir anders überlegte,
sprang er mit einem Riesensatz auf mein Bett.
Er quiekte und rupfte und riß
und johlte vor Begeisterung und Übermut.

Gemeinsam rodeten wir den ganzen
schauderhaften Palmenwald –
«Weg damit! Das Zeug wollen wir einfach
nicht mehr sehen!» –
und freuten uns an der nackten Wand.
«So! Geschafft!»
Tabula rasa.

Später ließ ich mir dann eine spezielle Wandfarbe
mischen,
die genau zum warmen terrakottabraunen
Streifen meines Bettüberwurfs paßte.
Und als ich die mit der Rolle auftrug,
stieg eine Freude in mir auf,
die mich ganz erfüllte,
bis in sämtliche Fingerspitzen hinein.

Aber nichts reichte heran
an das wunderbare Gefühl,
das mich durchströmte,
als ich die Palmentapete abriß.
Ich, ausgerechnet ich, die ich Geschenkpäckchen
so vorsichtig auspacke
– um nur ja nicht das Papier zu zerreißen –,
daß es alle um mich herum verrückt macht …
Ich *riß* diese Tapete von der Wand
und hatte genausoviel Spaß daran wie Sean!

In der Nacht meiner Abreißorgie
keimte in mir ein tiefvergnügtes Lachen.

Ein Lachen, das an meinen nackten Fußsohlen
zu beginnen schien,
und das in mir hochstieg
bis es schließlich an die Zimmerdecke prallte,
wo es bis heute
hängen geblieben ist.

Geschiedene Männer sammeln

Das Kontrollämpchen an meinem
Anrufbeantworter leuchtet.
Ich drücke auf den Abhörknopf. Aha –
Eric
und dann Peter;
anschließend Tom,
Julian,
Steve
und schließlich Mark.

Ich scheine sie zu sammeln.
Geschiedene Männer.
Ich weiß gar nicht, wo die alle herkommen.
Auf einmal sind sie da.
Wie Plaque nach Süßigkeiten.
Sie sind so großzügig.
Sie laden die Jungs und mich ein
ins Kino oder zu einer Bergtour
oder zum Essen im Restaurant.
Allerdings habe ich gelernt,
daß es mich immer etwas kostet.

So lud uns Peter einmal zum Abendessen ein.
Aber das Restaurant war eine Fahrstunde
weit entfernt
(weil er da einen Gutschein einlösen konnte),
und dann mußten wir noch eine geschlagene
Stunde aufs Essen warten.
War es, weil ich ständig aufpassen mußte,
daß die Jungen keinen Unsinn anstellten?
Lag es am ständigen Pumpen des Gaspedals
während der Rückfahrt?
Jedenfalls hatte ich stechende Kopfschmerzen,
und mir war übel, als wir zu Hause ankamen.
Drei Jungen waren bereits vor zwei Stunden wieder
putzmunter geworden.
Inzwischen war es elf Uhr nachts,

und sie mußten am nächsten Morgen in die Schule.
Na gut, Peter hatte die Rechnung beglichen,
aber bezahlen mußte ich. Teuer.

Auf meinem Pult in der Schule tauchten Rosen auf.
Meine Drittkläßler spekulierten aufgeregt,
wer die wohl geschickt haben mochte.
Ich wußte es.
Ich hatte schon am Nachmittag zuvor
ähnliche Rosen bekommen
und würde im Lauf der Woche wahrscheinlich
noch weitere kriegen.
Geschenkt? Jein!
Ihnen folgten nicht endende
«Ganz-kurz-mal-reinschauen»-Besuche
und drei oder vier ellenlange Telefonanrufe
an Abenden, auf die ich mich so gefreut hatte,
weil ich endlich Zeit für mich selbst
zu haben meinte.

Daß die Burschen an mich denken, rührt mich.
Ehrlich!
Ich wünschte nur, auf dem Preisschild
stände nicht «Erwartungen».

Ich mag sie.
Sie sind witzig, herzlich, zuvorkommend.
Die Jungs mögen sie auch.
Sie schlabbern ihre Männlichkeit
wie warme Milch.
Aber wenn ich sie zum Ostereiersuchen einlade
oder zu einer Geburtstagsfeier,
scheinen sie das als Einladung aufzufassen,
Teil der Familie zu werden.
Irgend etwas an mir – was kann das bloß sein? –
scheint sie anzuziehen.
Ich scheine irgend etwas an mir zu haben,
das ihnen hilft, einen weiteren Tag
allein durchzustehen.

Sie wollen mehr als Freundschaft von mir.
«Eric ist in dich verliebt»,
verkündet mein achtjähriger Sean.
«Aber du liebst ihn nicht. Das merke ich genau.»
Wie kann Sean etwas merken,
was Eric nicht merkt oder nicht merken will?
Es fehlt einfach das gewisse Etwas,
das zauberhafte, geheimnisvolle Etwas.
Ich kann es nicht produzieren,
und vortäuschen will ich es nicht;
aber mit weniger bin ich nicht zufrieden
als mit dem gewissen Wow!
Ich habe mich mit Eintrittskarten
für die letzte Reihe abgefunden,
wenn die ersten Reihen ausverkauft
und schlechte Plätze besser waren
als gar keine.
Ich habe den Flecken auf der purpurroten
Leinenjacke in Kauf genommen,
wenn die Verkäuferin mir dafür
dreißig Prozent Rabatt anbot.
Ich habe sogar die Mayonnaise von meinem
Hamburger abgekratzt,
wenn ich es eilig hatte
und keine Zeit, neu zu bestellen.
Aber in *dieser* Hinsicht gebe ich mich nicht mit
«praktischem Denken» zufrieden,
mit Sätzen wie
«Die Gefühle können ja später noch kommen»
oder
«Wenigstens trinkt, raucht und spielt er nicht».

Nein, ich will es *wunderbar* haben.
Ich will es *großartig* haben. Phantastisch.

Und wissen Sie was?
Ich kann warten!

Du liebe Zeit, bei Ihnen geht's aber rund!

Ich wäre Millionärin,
wenn ich nur einen Dollar gekriegt hätte
für jede Gelegenheit,
bei der mir jemand gesagt hat:
«Drei Jungen? Du liebe Zeit,
da geht's bei Ihnen aber rund!»
«Drei Jungen», sagen sie, und es klingt,
als sagten sie
«drei Exemplare der Boa Constrictor»,
weil das aufs gleiche herauskommt.
«Mensch! Wie schaffen Sie das bloß?»
«Ganz gut», sagt, so hoffe ich, mein Lächeln.
«Mit Gottes Hilfe und mit einer gehörigen
Portion Humor», möchte ich sagen.

Du *mußt* es von der humorvollen Seite nehmen,
irgendwie,
wenn im Januar dein Wäschetrockner streikt
und du kein Geld hast, ihn reparieren
zu lassen,
geschweige denn einen neuen zu kaufen,
nicht mal am Monatsersten.

So nimmst du ihn dir vor,
den riesigen schmutzigen Wäscheberg,
den die Familie gemeinsam produziert hat,
und lernst es, Prioritäten zu setzen:
Du gräbst die fünf wichtigsten
Kleidungsstücke aus
und gehst damit zu deiner Freundin,
um sie bei ihr zu waschen und zu trocknen.
Du dankst Gott für solche Freundinnen
und gehst weiter zur nächsten Krise.

Zeit für mich

Also.
Mal sehen:
Pizza gekauft.
Sitter vorsichtshalber noch mal angerufen.
Kommt um 18.00 Uhr.

Sean wird nach dem Fußballtraining um 18.30 Uhr
hier abgeliefert.
Neil wird um 19.00 Uhr zum Training abgeholt und
anschließend zurückgebracht.
Den Zettel mit den Angaben,
wer welche Hausaufgaben machen muß,
hab ich geschrieben.
Die drei Listen mit Wörtern für die
Rechtschreibeübungen
hängen am Kühlschrank.
Jeff muß die beiden Tabletten hier nehmen,
bevor er ins Bett geht.
Und wo sind Neils Pillen? Ah – hier!

Was zu trinken? Stimmt, im Kühlschrank
steht 'ne Flasche Sprite.
Keine Cola. Muß ich ihr unbedingt sagen.
Wegen des Koffeins.
Vielleicht nehme ich die Cola am besten
einfach aus dem Kühlschrank
und verstecke sie irgendwo.
Aber vielleicht will sie ja selbst 'ne Cola.

Mein Tennisschläger! Wo …? Oh, da ist er ja!
Aber ich finde nur einen meiner Tennissocken.
Vielleicht ist der andere noch im Trockner?
Oder er ist zwischen das Zeug von den Jungen
gerutscht?

Bälle, Schirmmütze, Schuhe – zwei!
Laß ich die Socken halt.
Hab keine Zeit, noch lang danach zu suchen.

Wo haben wir uns überhaupt verabredet?
Ich hab mir das doch irgendwo aufgeschrieben …
Hinten auf dem pinkfarbenen Briefumschlag.
Oder war es der gelbe?

Ah, da ist der Babysitter!
Was?
Oh, danke! Meine Wasserflasche, ja,
die hab ich fast vergessen.
Tschüß! Pizza ist im Tiefkühler.
Und nicht vergessen: Um 20.30 Uhr ins Bett.
Ich hab einen Zettel wegen der Hausaufgaben
hingelegt.
Moment mal bitte – wo ist mein Schläger?
Ach, hängt ja an meiner Schulter!

Puh … geschafft!
Jetzt fängt die Erholung an.
Endlich hab ich Zeit für mich.
Wenn ich nur nicht
so müde wär!

Spielzeugsoldaten

Ich könnte ihn …!
Wie oft hab ich ihm schon gesagt,
er soll seine kleinen grünen Spielzeugsoldaten
zusammenräumen.
Alle!
Es tut einfach sauweh, wenn man mit der Ferse
auf ihre Gewehre tritt,
die sie angelegt haben,
oder auf ihre spitzwinkligen Ellenbogen
oder Knie.
Sie gehen im Teppich in Deckung,
und nach Sonnenuntergang greifen sie an.
Ihr Angriffsziel: die nackten Füße der Mutter.

Wie kann einem so was Kleines so weh tun!
Ich hätte es wissen sollen!
Wie viele von den gemeinen Kerlen verstecken
sich wohl noch?
Irgendwo.
Und ich entdecke sie erst,
wenn ich mit meinen dünnen Fußsohlen
drauf trete.

Es ist wie im wirklichen Leben, Herr.
Da gibt es so viele versteckte «Kleinigkeiten»,
die es auf uns abgesehen haben
und uns weh tun wollen.
Und ich quäle mich mit der falschen Vorstellung,
ich hätte das voraussehen müssen.
Wie denn, bitteschön?
Ich weiß, du hast mir all die Jahre klarzumachen
versucht, daß ich nicht Gott bin
und nicht alles voraussehen,
ja nicht einmal alles entdecken kann.
Daß wir Menschen meistens erst
durch Schaden klug werden.

Vielleicht sollte ich mich lieber mit Hausschuhen
«bewaffnen»,
anstatt mir Vorwürfe zu machen,
daß ich das Unsichtbare
nicht gesehen habe.

Auf Antwort warten

Ich fühle mich innerlich ganz taub, Herr.
Nein, eher total durcheinander.
Ich hab die reinste Herzverschlingung:
  Ich hab ein Recht – ich sollte …
    Ich sollte – ich hab ein Recht …
Einerseits möchte ich, daß endlich
  eine Entscheidung fällt,
  klipp und klar und ein für allemal.
Und andererseits sage ich mir: «He, langsam!
  Hier geht es um mein *Leben*!»
Es geht mir alles viel zu schnell
  mit dieser Beziehung, und ich hab Panik.
Ich will's *sofort* wissen,
  und ich will mir so viel Zeit lassen,
    wie ich brauche.

Hätte ich nur deinen Überblick, Gott!
  Ich bin es so leid, Fehler zu machen und
  sie anschließend als Fehler zu erkennen.
Hilf mir,
  innezuhalten
  und deinen Geist der Weisheit einzuatmen.
Wenn ich nicht weiß, wie ich mich verhalten soll,
  hilf mir,
  und gib mir die Bereitschaft und die Kraft,
  nichts zu tun,
  stillzustehen,
  nichts zu forcieren,
  zu vertrauen
  und auf deine Antworten
    zu warten.

Annehmen lernen

«Hört also auf, voller Sorgen zu denken: Werden wir genug zu essen haben? Und was werden wir trinken? Was sollen wir anziehen? ... Euer Vater im Himmel weiß ganz genau, daß ihr das alles braucht. Gebt nur Gott und seiner Sache den ersten Platz in eurem Leben, so wird er euch auch alles geben, was ihr nötig habt. Deshalb habt keine Angst vor der Zukunft! Es ist doch genug, wenn jeder Tag seine eigenen Lasten hat. Gott wird auch morgen für euch sorgen.»

Matthäus 6,31–34

Woher weißt du, Vater,
daß ich oft fix und fertig bin?

Wenn ich das Handtuch werfen und rufen möchte:
«Okay, ich geb's auf. Ihr habt gewonnen.
Ihr habt recht gehabt.
Man kann sich als alleinerziehende Mutter
von drei Söhnen nicht mit einem
Lehrerinnengehalt durchschlagen.»
Wenn ich am Elternsprechtag nacheinander
die Lehrerinnen aller drei Söhne aufsuche,
und jede Lehrerin mir sagt,
jeder meiner Söhne brauche mehr Hilfe von mir,
mehr Zuwendung,
mehr klare Grenzen, mehr Zeit.
Wenn ich meinen Kontostand überprüfe
und feststelle,
daß ich wieder einmal überzogen hätte,
wenn mein Gehalt
nicht einen Tag vor Monatsende
automatisch überwiesen worden wäre,
einen Tag, bevor sie wieder fällig werden,
die Rechnungen.

Wenn die Mitgliedsbeiträge für den Fußballverein
wieder fällig werden,
fünfzig Dollar für jeden Sohn.
Und dann brauchen sie natürlich auch alle
neue Fußballschuhe und Trainingshosen.
Und gleichzeitig sind alle drei
aus ihren Straßenschuhen herausgewachsen
und aus ihren Jeans.

Woher weißt du, Herr, daß ich so dringend
eine Aufmunterung brauche?
Wie alarmierst du andere,
daß sie mich aufmuntern sollen?
Wie bringst du sie dazu,
mir liebevoll ihre Hilfe anzubieten?
Judy bietet mir an, die Jungen abends,
wenn ich länger in der Schule arbeiten muß,
zu *Happy Meals* bei McDonald's einzuladen.
Bobby fragt, ob mir damit gedient wäre,
wenn er Sean zum Fußballtraining abholt
und anschließend wieder nach Hause bringt.
Kurz vor Monatsende liegt auf meinem Pult
ein Einkaufsgutschein über fünfzig Dollar.
Anonym.
Pam holt die Jungen ab und läßt sie bei sich
übernachten, als ich eine Bronchitis habe
und dringend Schlaf brauche.
Ein Nachbar wechselt die Bremsbeläge
an meinem Auto aus.
Zu Hause und in der Schule drückt man mir
Tragetaschen in die Hand,
voll mit gut erhaltenen Kleidungsstücken
für meine Jungen.

O Vater, Geber aller guten Gaben,
ich bin so dankbar.
Danke für all die Geschenke
und für die Liebe dahinter.

Danke für die wunderbaren Menschen,
die sie bringen und durch die du wirkst.
Und, Herr, durch ihre Großzügigkeit
und Freundlichkeit
lerne ich eine der schwierigsten Lektionen
meines Lebens:
Zu nehmen. Anzunehmen.

Es macht viel mehr Spaß zu geben,
Geschenke einzupacken
und zuzuschauen,
wie die Gesichter zu strahlen beginnen.
Geben kann der reinste Kick sein,
ein regelrechter Adrenalinstoß.

Zu nehmen, die Hand aufzuhalten,
empfinde ich als demütigend.
Es macht mich verwundbar;
ich fühle mich abhängig, verpflichtet,
ausgeliefert.
Es macht mir *angst*, die Nehmende zu sein;
aber weißt du, Herr,
nachdem ich es habe lernen müssen,
Geschenke von anderen Leuten anzunehmen,
kann ich vielleicht auch ein ganz klein
wenig besser annehmen, was *du* mir schenkst.
Vielleicht hilft es mir, die Hand aufzuhalten
und in Empfang zu nehmen,
was du mir geben willst.
Ich weiß ja, du wunderbarer Vater,
daß du das absolut Beste für mich hast.

Danke!

Klar gibt's Engel, Herr!

Engel – gibt's die? Na klar, Herr!
Unsere, die meiner Jungen und mein eigener,
machen ständig Überstunden.
Sie begleiten uns auf den zweitausend Kilometern
zu meinen Eltern nach Kansas City.
Sie umgeben die Jungen an den Wochenenden,
die sie mit ihrem Vater verbringen.
Sie beruhigen mich, wenn ich mir Sorgen mache,
was er von meiner Erziehung hält.
Sie haben ein wachsames Auge auf die drei,
wenn sie mit vollem Einsatz
Streethockey spielen,
wenn sie mit ihren Rollerblades
die Hügel hinunterrasen,
wenn sie über Bäche springen
und auf viel zu hohe Bäume klettern.
Sie wachen an ihren Betten,
wenn sie mit schweren Augenlidern
gegen den Schlaf kämpfen.

Ich hab ihnen Namen gegeben.
Meiner heißt Gladys.
Seans heißt Clarence.
Neils heißt Jacob.
Und Jeffs heißt Charlie.

Charlie sind wir schon begegnet. Bestimmt!

Eines Tages gingen wir zum Laufen ins Stadion.
Wir wollten für den Volkslauf trainieren,
ein Fest für jung und alt,
doch Jeff wollte nicht laufen.
Er warf stur den Kopf in den Nacken und knurrte:
«Kommt überhaupt nicht in Frage!»
Mit diesen Worten verschloß er sein Herz
und verschränkte die Arme darüber.

Sean, Neil und ich begannen unsere Runden
zu drehen.
Ich behielt Jeff im Auge und bemerkte plötzlich
einen Mann in einem roten Hemd und Jeans,
der einen Farbeimer und Pinsel
in der Hand hielt.
Er fragte Jeff, warum er nicht mitlief.
Er sagte ihm, was für ein großartiges Gefühl
das für ihn sein würde,
und dabei strich er das Metallgeländer
im Stadion an,
hin und her, hin und her.
Jeffs Augen folgten dem Pinsel
hin und her, hin und her.
Charlie sagte zu ihm: «Weißt du was, Jeff?
Wenn du drei Runden läufst,
lasse ich dich anstreichen.»
Wie der Blitz war Jeff auf der Laufbahn,
seine Augen funkelten, und seine Beine
flogen nur so.
Dann war er wieder am Geländer und strich
mit Charlie an und erzählte ihm dabei,
er hätte Angst, am Samstag zu laufen,
während die Pinsel hin und her strichen,
hin und her.

Ich habe keine Ahnung, was Charlie ihm erwiderte.
Aber er gab ihm Mut und Selbstvertrauen.
Er verlieh ihm Adlerflügel,
so daß er an jenem Samstag
seinen Lauf in sieben Minuten beendete.
Er spornte ihn an, seine Angst hinter sich zu lassen,
seine Selbstzweifel abzuhängen
und bis ins Ziel zu laufen.

Ach, übrigens, Charlie, falls du zuhörst:
Jeff läuft immer noch!

Thanksgiving II

Okay, dieses Jahr wird alles anders. Besser.
Dieses Jahr hab ich *die* Idee.

Am Erntedankfest gehen wir auswärts essen.

Kein Einkaufen und Kochen
    und Braten und Backen
    und am Schluß lange Gesichter,
    weil keiner mein Supermenü mag.
Nichts da!
Heute bleibt die Küche kalt,
    wir lassen andere für uns kochen!

Wir werfen uns in Schale und ziehen los,
    gutgelaunt; und das Wasser
    läuft uns schon im Munde zusammen.
Welch eine Auswahl erwartet uns,
    welche kulinarischen Überraschungen
    harren unser auf den diversen Speisekarten!

Warum hat mir niemand gesagt,
    ich sollte mich vorher mal in der Stadt
        umschauen
    oder einen Tisch reservieren
    oder wenigstens vorher anrufen?

O Schreck, o Graus –
    die ersten fünfzig Lokale,
    bei denen wir vorbeituckerten,
    waren geschlossen!

«Mama, das Tanklicht ist schon wieder an!»
Weit und breit keine Tankstelle.
Na toll!
    Am Ende stehen wir ohne Benzin
    am Straßenrand,

am Erntedankfest,
hungernd
und verängstigt.
So hatte ich mir das eigentlich nicht vorgestellt.

Aber halt! Dort am Horizont –
Land in Sicht!
Die Rettung naht!
Alles wird gut dank Burger King
und einem traditionellen Festschmaus
mit Chicken Wings und Pommes frites
und viel Liebe.

Unbeherrscht

Ich hörte einen Crash, einen unterdrückten Schrei
und dann
Stille.
Was war denn das? dachte ich und hielt mitten
in der Bewegung inne,
den Eyeliner in der Hand.
Besser mal nachschauen!
Was ich dann zu Gesicht bekam,
darauf war ich nicht vorbereitet.

Auf der untersten der neun Stufen,
die vom Erdgeschoß hinauf
zu den Schlafzimmern führen,
saß Neil
und versuchte, sein nagelneues Fahrrad
aufzustellen.
Das Vorderrad hing in der Luft und rotierte.
Neil bemühte sich, sein Fahrrad aufzuheben
und umzudrehen und zurechtzubiegen –
alles gleichzeitig.
Sein Gesicht drückte eine seltsame und
einzigartige Mischung
aus Panik, Überraschung, kaum verhohlenem
Vergnügen und Schock aus.
Als er mich seinen Namen rufen hörte,
fuhr sein Kopf zu mir herum,
und jetzt spiegelte sein Gesicht nur noch Panik
und Angst.
Bevor ich eine vernünftige Silbe herausbrachte,
sprudelte Neil schon mit zweihundert Silben
pro Minute los und versuchte,
sich aus den Chaos herauszureden.
Am vorhergehenden Tag hatte er Geburtstag
gehabt, und am allermeisten hatte er sich
ein Fahrrad gewünscht.

Meine Eltern hatten das Geld geschickt,
und er hatte sich seinen heißen Renner
selbst aussuchen dürfen.
Bei Toys R Us hatten wir – klug wie wir sind –
alles tipptopp montieren lassen
und das straßenfertige Bike abends abgeholt.
Offenbar hatte Neil gefunden, es solle
in der ersten Nacht bei ihm «übernachten»,
und hatte es heil die Treppe
*hinauf*schieben können.
Als er es jedoch nun die Treppe
*hinunter*begleiten wollte,
hatte es sich selbständig gemacht
und war hinunter*geflogen*.
«Wow, Mom, du hättest sehen sollen,
was für'n Tempo die Kiste draufgehabt hat!»
rief Neil.

Seine Brüder scharten sich um ihn
und staunten, was Neil wieder einmal
angestellt hatte,
ohne sich wirklich darüber zu wundern.
Neil ist der Junge,
der wie ein Affe
auf zehn Meter hohe Bäume klettert,
ohne sich im geringsten zu fürchten.
Ich dachte gerade: «Jetzt bloß kein Theater!
Sonst kommen die Jungs noch zu spät
zur Schule»,
da warf ich einen Blick nach unten,
während Neil sein Fahrrad wegschob,
und sah, daß die Ecke meines Schreibsekretärs
glatt abgehackt worden war.
An die nächsten Minuten erinnere ich mich
nur noch dunkel.
Ich weiß nur, daß ich rot sah
und total die Beherrschung verlor.
Ich begann zu weinen, dann zu schreien,

dann packte ich Neil bei den Schultern
und schüttelte ihn.
Er begann zu weinen, Jeff schloß sich ihm an,
und Sean stand fassungslos daneben.
Es war, als symbolisierte der Sekretär irgendwie
alles, was ich verloren hatte:
das Haus, meine Kreditwürdigkeit,
meinen Stolz, den Diamantring,
die gute Nachbarschaft –
und meinen Traum davon,
daß wir «glücklich bis ans Lebensende»
hätten sein können.
Ich starrte dieses Schreibpult an,
und ich muß gestehen,
daß das Möbelstück das einzige war,
was ich in den nächsten zwei Minuten
wahrnahm.
Dann sah ich meine drei verängstigten –
oder eher zu Tode erschrockenen –
Söhne, und mein Herz schmolz.
Andere Tränen rannen mir nun
die Wangen hinunter,
als ich meine Söhne um Verzeihung bat.
Ich drückte sie an mich, und wir schluchzten
und schnieften eine Runde zusammen.
Einer von ihnen sagte,
wir würden sicher zu spät kommen,
worauf ein anderer meinte:
«Sonst noch was Neues?»
Wir alle lachten durch unsere Tränen hindurch.

Ob wir an jenem Tag tatsächlich zu spät
zur Schule kamen, weiß ich nicht mehr.
Es ist auch letztlich völlig unwichtig.
Entscheidend ist, daß Menschen und Gefühle
und meine Familie
seither *vor* irgendwelchen Gegenständen
rangieren.

Mit Kindern zum Rendezvous

Ein Klassemann:
mit souveränem Auftreten,
mit Würde,
mit Stil.

Ich glänzte in Seide und Perlen;
er trat mit der schwarzen Krawatte auf.
Jazzkonzerte hatten wir besucht,
ins Theater waren wir gegangen,
in eleganten Restaurants hatten wir gespeist.

Was in aller Welt hatten wir also jetzt
im «Pizzaland» zu suchen?
Was hatte uns geritten,
hierher zu kommen und zu versuchen,
meine drei Söhne in Zaum zu halten,
die es sich offenkundig in den Kopf gesetzt
hatten,
jede Andeutung einer festen Beziehung
im Keim zu ersticken?

«Was soll'n wir denn hier überhaupt?»
beschwert sich einer von ihnen.
«Hey, Sie haben ja fast 'ne Glatze!»
sagt ein anderer mit unschuldigem
Augenaufschlag.
«Was haben Sie denn mit Ihrem Finger gemacht?»
piepst der dritte.
«Abgeschnitten oder was?»

Ich würde am liebsten im Boden versinken.

Einer verschüttet seine Cola.
Der andere weigert sich, seinen Käse zu essen.
«Das Zeug ist eklig, Mama!
Die haben den falschen Käse genommen.»

«Ha'm Sie 'nen Pool?» unterbricht ihn Nummer drei.
«Mamas letzter Freund hatte nämlich einen.
Mit Sprungbrett!»

Ich könnte sie erwürgen, alle drei.
Ich würde am liebsten nach Hause gehen.
Ich würde am liebsten diesen Abend noch einmal
von vorne beginnen.
Oder ihn aus meinem Leben streichen.

Auf der anderen Seite des Tischs beginnen zwei
meiner Sprößlinge mit ihren Strohhalmen einen
Fechtkampf.
Ich trenne die Kämpfer
und verbanne um des lieben Friedens willen
einen der Musketiere an einen Nebentisch,
wo er beleidigt vor sich hin schmollt,
bis es – o süße Erlösung! –
endlich Zeit ist heimzugehen.

Besten Dank!
Haben wir's nicht lustig?
Soweit meine Ausführungen zum Thema
«Mit Kindern zum Rendezvous».

Meine seidigen, sonnengebräunten Delphine

Wenn es wirklich dick kommt,
wenn ich an den letzten vier von fünf Tagen
zu spät zum Unterricht gekommen bin
und *wieder mal* Schulbesuch gehabt habe,
obwohl ich keine Zeit hatte,
mich richtig vorzubereiten
(warum kommen die Leute nie, wenn ich
Superstunden präpariert habe, didaktisch,
methodisch und pädagogisch perfekt?);
wenn ich hundemüde bin und mich selbst
bemitleiden will –
dann muß ich nur die Augen schließen
und mir vorstellen,
ich hüpfte mit meinen Jungen
in den schäumenden Wellen von Florida herum.

Damals im Sommer machten wir mit Freunden
Ferien am Meer
und wollten als Familien möglichst viel
gemeinsam unternehmen.
Manchmal klappte das, manchmal nicht
(zum Beispiel immer dann, wenn ihre Tochter
in die Nähe von einem meiner Söhne kam).
So trennten wir uns und machten tagsüber jeweils
ein eigenes Programm.
Und mein Programm bestand weitgehend aus
«Wellenhopsen».

Ich selbst war als Mädchen an der Küste
von New Jersey in den Wellen herumgesprungen.
Das war eine meiner schönsten Erinnerungen.
Und wenn ich nun meine drei Söhne an den Händen
nahm und mich in die Brecher stürzte,
hatte ich das Gefühl,
alles noch einmal zu erleben.

Nur war ich jetzt die Mutter,
die ihren Kindern zuschaute,
wie sie jauchzten und kreischten,
wenn sie von den Wellen emporgehoben
und herumgewirbelt wurden.
Sie waren sieben, fünf und drei Jahre alt.
Was für ein herrliches Alter, wenn es Jungen
noch nicht peinlich ist,
in der Öffentlichkeit die Hand ihrer Mutter
zu halten!
Sie spielten in den Wellen
wie seidige, sonnengebräunte Delphine.

Wenn die Stromrechnung himmelhoch
und mein Kontostand kellertief ist;
wenn die Hausaufgaben von drei Jungen
mehr Stunden in Anspruch nehmen,
als wir bis zum Schlafengehen haben;
wenn ich mit allem fertig bin und mir endlich
meine Lieblingsfernsehshow reinziehen kann
und dann feststellen muß, daß sie zugunsten
eines Dokumentarfilms über einen
Kriegsschauplatz abgesetzt worden ist –

dann mache ich die Augen zu,
höre das Rauschen der Brandung,
rieche Salz und Sonnencreme
und hüpfe in die Wellen,
die in meiner Erinnerung für immer
gespeichert sind.

«Mama, was tun wir, wenn du stirbst?»

Herr, heute ist meine Freundin Lisa Short
gestorben.
Sie war erst sechsunddreißig.
Vor fünf Monaten stellte man bei ihr Krebs fest.
Es ging alles so schnell, das mit dem Krebs
und mit unserer Freundschaft.
Erst vor gut einem Jahr
hatten wir einander gefunden.
Sehr schnell waren wir gute Freundinnen
geworden.
Wir hatten einige ganz ähnliche Wegstrecken
zurückgelegt – Scheidung,
Männer, die unsere Menschenwürde
mit Füßen getreten hatten,
Neuanfang, Frieden,
Kindererziehung ohne Partner.
Wir lachten unter Tränen
und schwangen dabei auf ihrer
Hollywoodschaukel hin und her.
Wir überboten einander mit Geschichten
von Problemen, peinlichen Zwischenfällen
und Triumphen.
Wir umarmten einander im Bewußtsein
gegenseitiger Annahme
und gegenseitigen Vertrauens.
Sie hatte einen Sohn, ich meine drei Jungen,
und so erzählten wir uns gegenseitig
von den typischen Jungenheldentaten,
gaben einander gute Ratschläge
und suchten nach Lösungen für bestehende
und neu auftauchende Probleme.

Meine Jungen bekamen mit, daß Lisa starb.
Sie liebten sie ebenfalls, deshalb waren sie
traurig und verwirrt.

Sie stellten endlose Fragen.
Ich beantwortete sie, so gut ich es vermochte.
Aber eine Frage hat mich total umgeworfen, Herr,
die Frage, die Sean mir im Namen
aller meiner Söhne stellte:
«Mama, was machen wir denn, wenn *du* stirbst?»
Ich zog sie an mich heran, eine Henne,
die ihre Küken schützt,
und erklärte ihnen, wie sehr meine Eltern,
mein Bruder und meine Schwester sie liebten.
Ich sagte ihnen, wie sehr ihr Vater und
dessen Eltern sie liebten.
«Ihr werdet sooo viele Leute haben, die euch lieben
und für euch sorgen», sagte ich.
«Nein, Mama, *nein*!»
Sean unterbrach mich ungeduldig.
«Ich meine, was machen wir als erstes?»
Jetzt dämmerte es mir:
Lisa war zu Hause gestorben.
Fragten sich die drei, was sie als erstes tun
sollten, falls sie mich eines Tages
tot vorfinden würden?

Ein Blick in drei ernste Augenpaare bewies mir,
daß es so war.
«Also», sagte ich ruhig. «Als erstes geht ihr ans
Telefon und ruft Mr. und Mrs. Osborne an
oder Mr. und Mrs. Dean
oder Mr. und Mrs. Cagle.
Kommt mal mit runter! Wir suchen ihre Nummern
raus und schreiben sie auf einen Zettel,
den wir direkt neben dem Telefon aufhängen.
Dann findet ihr ihn sofort, wenn ihr ihn braucht.
Wenn ihr wollt, können wir auch sofort mal
wählen üben.»
Wir marschierten die Treppe hinunter,
eine ernste Truppe, und erledigten,
was wir uns vorgenommen hatten.

Wir diskutierten, was sie sagen sollten
und ob es ratsam wäre,
auch die Notrufnummer zu wählen.
Dann fragte ich sie, ob sie noch mehr Fragen
hätten und noch etwas anderes
wissen wollten.
«Nee», sagten sie und fragten lächelnd,
ob sie jetzt rausgehen und spielen könnten.
Schockiert stotterte ich: «J-ja, warum nicht?»
und sah ihnen nach.
Bald hörte ich sie lachen und scherzen.

Wow, Herr!
Sie wollten nur den ersten Schritt wissen.
Sie wollten nicht wissen,
bei wem sie leben würden,
was mit dem Zeug in ihren Kinderzimmern
passieren würde
oder wer ihnen das College finanzieren würde!
Sie wollten lediglich Anweisungen haben für den
allerersten kurzen Augenblick der Panik.
Für den Augenblick, in dem sie ihre Sicherheit
verlieren würden: mich.

Hilf mir, bitte, ihnen in dieser Hinsicht ähnlicher
zu werden.
Dich nach dem allernächsten Schritt zu fragen,
dem allerersten, was getan werden muß,
und damit zufrieden zu sein,
anstatt alles vorauszuplanen und mir um alles,
was vor mir liegt, Sorgen zu machen
und unter der Ungewißheit zu leiden.

Vor fünf Monaten und einem Tag
hatte ich keine Ahnung, daß ich mich von Lisa
würde verabschieden müssen.
Ich wußte nur, daß sie meine beste Freundin war,
und das war genug.

Quittungen

«Wo sind sie denn bloß?» dachte ich,
während ich die Zettel in dem Karton
unten im Schrank durchwühlte.

«Ich weiß doch genau, daß ich die Quittung
von den Schuhen erst vor ein paar Tagen
gesehen hab und die vom Supermarkt
erst letzte Woche!

Ich brauche die Quittungen unbedingt!»

Es war wieder mal soweit:
Ich war blank.
Jetzt gab's nur eine Rettung:
Ich mußte die neuen, noch nicht getragenen,
nicht benutzten, leichtsinnig und spontan
gekauften Sachen zurückbringen.
Die Sachen, die ich für mich gekauft hatte.
Die Seelentröster.
Die kleinen Luxusgüter, mit denen ich mir sagte:
«Das hab ich mir verdient.
Das bin ich mir wert.»

Leider schien das Geld nie für beides zu reichen,
für das Angenehme
und für das Nötige wie Strom und Wasser
und Benzin.

Also – wenn ich die dummen Quittungen finde
und die Sachen zurückbringe, dann kann ich
mir vielleicht im nächsten Monat
oder im übernächsten
die seidene Spitzenunterwäsche kaufen
oder die duftende Pflegelotion
für meine trockene Haut.
Vielleicht.

Jetzt kommt es erst mal darauf an, daß wir heute
etwas zu essen haben und auch morgen und
übermorgen.
Und da die Stromrechnung morgen fällig ist,
mein Gehalt aber erst in zwei Wochen,
suche und suche ich nach diesen Quittungen,
mit denen ich kleinlaut beim Kundendienst
antraben kann,
um mich von einer gefühllosen Angestellten
fragen zu lassen:
«Ist denn irgend etwas mit der Ware
nicht in Ordnung, gnädige Frau?»
Ich tausche meinen roten Kopf
gegen Bargeld ein
und gegen das beruhigende Gefühl,
daß wir uns wieder einmal einen Monat lang
durchgeschlagen haben.

Die Konferenz

Meine Hände waren zu wütenden Fäusten geballt;
mit den Daumennägeln riß ich an den anderen
Fingernägeln herum,
als wollte ich Stücke von mir herausmeißeln,
so wie die Worte, die jene Mutter mir ins Gesicht
schleuderte, Teile meiner Würde wegschabten
und Stücke meines schwer erkämpften
Wertgefühls herausbohrten.

Ich riß mich zusammen und versuchte,
mir nichts von meinen Kopfschmerzen
anmerken zu lassen
oder von meinem trockenen Hals
oder meinem verletzten Stolz.

Wie konnte sich die Frau unterstehen, mich so
in die Pfanne zu hauen?
Hatte sie mal an meiner Stelle gestanden?
«Vergiß sie! Achte überhaupt nicht auf sie!
Laß dich von ihr nicht beirren!
Wer du bist, das hat nicht sie zu entscheiden»,
sagte ich mir.
«Deinen Wert bestimmt nicht sie.
Keiner außer dir selbst kennt deine Absichten.
Keiner kennt dein Herz und deine Seele.
Keiner kann beurteilen, wie sehr du dich
in deine Arbeit hineingibst.
Niemand weiß, wie restlos du dich verausgabst.
Daß deine Arbeit dich genauso auffrißt,
wie sie ein Teil von dir ist.
Daß sie dich aussaugt, wie sie dich bereichert.»

Wer war diese Person, daß sie sich unterstehen
durfte, mich als Mensch so herabzusetzen?
Mich klein zu machen, indem sie berechnete,
was ich im Leben anderer bewirkte?

Mich zu zwingen, das Warum und das Wie
meines Handelns zu begründen und zu
rechtfertigen, hinter dem doch Liebe,
nichts als Liebe steckt?

Ich richtete mich auf und marschierte
mit erhobenem Haupt aus dem Büro
und in mein Klassenzimmer zurück.
Zurück zu den Kindern,
die mich den letzten Nerv kosten
und gleichzeitig mein Leben unglaublich
bereichern.
Zurück an den Ort,
an dem das Leben wahnsinnig kompliziert
und herrlich einfach ist;
an dem mir Grenzen vorgegeben sind
und wo ich mich gleichzeitig entfalten kann.
Dahin zurück, wo ich weiß, wer ich bin.

Und meine Gewißheit darüber, wer ich bin,
die werde ich mir nicht mehr
in Frage stellen lassen.

Dazu bin ich entschlossen. Mehr denn je.

Brüderlich geteilte Bazillen

Alle drei benutzten denselben. Klar.
Das hatten sie längst entschieden.
War doch selbstverständlich,
daß man sich nichts Schlimmes holte,
wenn man aus dem Becher seines *Bruders* trank!
Wie hätte man sich denn auch sonst überall
einen großen Becher oder ein großes Glas
teilen können?
Im Kino, bei McDonald's, im Zoo?

Hey, wer hat wieder den Trinkhalm kaputtgebissen?

Brüderlich geteilte Bazillen sind kein Problem.
Man gewöhnt sich dran.

Als meine Freundin Pam Dean
mit den Jungen ins Kino ging
und jedem der drei ein *eigenes* Glas Cola
spendierte, wußten sie nicht,
wie sie damit umgehen sollten.
So sehr hatten sie sich an die brüderlich
geteilten Bazillen gewöhnt.

«O Lisa», sagte Pam, «das ist ja zum Weinen!»

Nein, dachte ich, das ist zum Überleben.

Alpträume

Wenn ich dazu komme, mal richtig tief zu schlafen,
habe ich diese Träume, Herr.

Ich stecke in einem Lift, der immer wieder rauf
und runter fährt;
rauf und runter und rauf und runter
in einem Hochhaus oder einem Hotel.
Auf jeder Etage hält der Lift an,
die Türen öffnen sich –
nein, das ist nicht der richtige Stock.
Ich gelange einfach nicht in das Stockwerk,
das ich suche.
Uns so klappere ich Ebene um Ebene ab,
die ganze Nacht.

Oder es ist der erste Schultag,
und ich finde mein Klassenzimmer nicht
oder weiß nicht, in welcher Klasse ich
unterrichte.
Oder mein Klassenzimmer ist nicht eingerichtet
und ich renne herum
und suche verzweifelt nach dem nötigen
Material,
damit ich mit dem Unterricht beginnen kann.

Und dann ist da der Große-Examenstag-
und-ich-habe-nicht-gelernt-Traum.
Ich bin in Panik und verzweifelt und
begreife nicht, wie ich diese wichtige
Prüfung vergessen konnte.
Der Traum ist schrecklich und so real,
daß ich jedesmal verblüfft bin,
wenn ich erwache und merke,
daß es nur ein Traum war.

Was will mir meine Seele damit sagen, Herr?

Daß ich überanstrengt und total gestreßt bin?
Oder suche ich vielleicht Frieden und Entlastung
von Entscheidungen, die sich schlußendlich
als falsch erwiesen haben?
Warum fühle ich mich nach diesen Träumen
immer so ausgelaugt?
Warum erscheinen sie mir so real?
Und warum wiederholen sie sich
immer wieder?

Hier hast du sie, Herr.
Nimm sie, du großer Deuter.
Hilf mir, im Schlaf Frieden zu finden,
anstatt das Durcheinander
zu verschlimmern in einem Leben,
das schon chaotisch genug ist.
Hilf mir, Herr,
zur Ruhe zu kommen …

Fliegende Plastikhamburger und Wasserpistolen im Haus

Vor ein paar Tagen, Herr,
war ich in meinem Zimmer mit irgend etwas
beschäftigt,
ich weiß gar nicht mehr, womit;
da fiel mir plötzlich auf, daß es zu still war.
Oha, dachte ich, das bedeutet nichts Gutes.
Am liebsten wüßtest du gar nicht,
was da los ist,
aber du siehst besser nach,
sonst tut es dir nachher leid.

Als ich aus dem Zimmer trat,
hörte ich ein sonderbares Geräusch.
Ein undefinierbares.
Es war eine Art Zischen und Prasseln …
wie ein Milchstrahl, der die Eimerwand trifft,
wenn eine Kuh gemolken wird.
???
Ich wandte mich um, dann blieb ich
wie angewurzelt stehen.
Da waren Neil und Jeff – Neil stand oben
auf der Treppe,
Jeff saß unten und hielt einen riesigen roten
Ballon an sich gepreßt.
Neil hatte eine Wasserpistole in der Hand
und spritzte den Ballon an
in stetigen, rhythmischen Wasserstößen.
Jeff grinste von einem Ohr zum anderen, gab aber
erstaunlicherweise keinen Laut von sich.
Das Wasser prallte vom Ballon ab
und spritzte nicht nur Jeff voll,
sondern auch die Seidenblumen
und die Bücher
und den Parkettboden
und die Tapeten.

Ich stand da und riß den Mund auf
wie ein Fisch auf dem Trockenen.
Sie hörten mich nicht, aber sie *spürten* offenbar,
daß ich da war.
Der Wasserstrahl versiegte,
die Augen wurden groß.
«Her mit der Pistole! Handtücher holen! Abputzen!
Ab in die Zimmer!» spuckte ich im Tarzan-Stil.
Sie rannten herum wie aufgescheuchte Hühner.
Wäre ich nicht so wütend gewesen,
hätte ich es lustig gefunden.

Später erinnerte ich mich an eine andere
Gelegenheit,
bei der sie mich so überrascht hatten.
Damals, vor Jahren, war es der Krach gewesen,
der mich auf den Plan gerufen hatte.
Alle drei Jungen waren im Kinderzimmer gewesen,
hatten gelacht und gerufen und geschwatzt
und waren offenbar in irgendein
phantastisches Abenteuer verwickelt.
Ich genoß ihre Kreativität und ihre Begeisterung.
Als ich rasch einen Blick in ihr Zimmer warf,
sah ich zu meinem freudigen Erstaunen,
daß sie um ihre große Spielzeugküche
herumstanden.
Ach, der Felsbrocken, der mir seit vielen langen
Monaten – seit Weihnachten –
auf der Seele gelegen hatte!
Wie hatte ich nur auf den Gedanken kommen
können, weil ich sie damals bei Freunden
nur mit Gewalt von deren Spielzeugküche
losreißen konnte,
würden sie sich über eine eigene freuen
oder gar damit spielen?!

Nein, sie hatten nicht damit gespielt.
Ein typischer Weihnachtsreinfall.
Und jedesmal, wenn ich die Küche sah,

gab es mir einen Stich.
Wie hatte ich nur so danebentreffen können!
Doch jetzt – welch ein Hoffnungsschimmer! –
hatten sie offenbar ihren Irrtum eingesehen.
Jetzt würden sie zu kochen beginnen!

Mit dem Lärmpegel stieg meine Neugier,
bis ich mich schließlich nicht mehr beherrschen
konnte
und leise die Tür einen Spaltbreit öffnete
und noch einmal ins Kinderzimmer hineinspähte.

Ach ja, damals war ich auch nicht auf das
vorbereitet gewesen, was ich dann sah!
Doch, doch, sie spielten mit ihrer Küche ...
nur nicht auf die, wie man es nennen würde,
traditionelle – oder übliche – Weise.
Alle Küchenmöbel standen auf dem Kopf
und alle drei Jungen mitten drin.
Aus dem offenstehenden Spülsteinschränkchen
ragte ein Jungenbein heraus.
Ein Herr Sohn hatte sich die Kaffeekanne als Hut
aufgesetzt.
Und alle drei bewarfen irgendwelche
unsichtbaren Feinde
mit Plastikhamburgern,
jubelten und jauchzten dazu
und amüsierten sich köstlich.

Beide Erlebnisse lehrten mich das gleiche.

Erstens: Manchmal trügt der Schein,
besonders was Kinder und Lärmpegel betrifft.
Zweitens: Als Mutter habe ich
in bezug auf meine Kinder
bestimmte Vorstellungen und Erwartungen.
Manches kann ich zu Recht erwarten.
Zum Beispiel, daß in der Wohnung
nicht mit Wasserpistolen herumgespritzt wird

und daß das Eigentum anderer
respektiert wird.
Andere Erwartungen sollte ich kritisch
unter die Lupe nehmen –
zum Beispiel die, daß meine Jungen
mit der Küche spielen sollen,
nur damit ich das gute Gefühl habe,
das richtige Geschenk für sie ausgesucht
zu haben.

Beide Lektionen haben mir Überraschungen
beschert.
Überraschungen, die Freude auslösten
und mir neu die Augen öffneten
für meine Jungs
und mich.

Wenn keiner dir den Rücken stärkt

Alleinerziehende Mutter sein –
wissen Sie, was mir dabei am schwersten fällt?
  Daß ich niemanden habe, der mir den Rücken stärkt!

Keine Rückenstärkung, wenn man krank ist,
  nicht mehr kann,
  Kopfweh hat
  oder sich PMS-mäßig fühlt.

Keine Unterstützung in der Erziehung,
  bei Entscheidungen,
  in Detailfragen,
  bei unlösbaren Dilemmas.

Keine Begleitung, wenn man warten muß,
  in Restaurants,
  in der Kirche,
  im Kino,
  bei Arztbesuchen,
  in irgendeiner Schlange vor irgendeinem Schalter.

Keinen Mannschaftskameraden für die Arbeitsteilung,
  zum Auftanken,
  zum Beruhigen,
  zum Regenerieren von Seelenzellen.

Am liebsten würdest du schreien:
  «He, schick mal jemanden als Verstärkung!»
  «Wo bleibt er denn?»

Ah, und dann dämmert es dir:
  Er ist ja die ganze Zeit da!
  Und er ist spezialisiert
    aufs Rückenstärken.

Freut euch darüber ...

Ihr braucht nicht zu verzweifeln, wenn euer Glaube immer wieder hart auf die Probe gestellt wird. Im Gegenteil: Freut euch darüber! Denn durch solche Bewährungsproben wird euer Glaube fest und unerschütterlich.

Jakobus 1,2–3

Freut euch darüber?
Jakobus, das kann ja wohl nicht dein Ernst sein!
Freut euch darüber,
wenn es bei euch drunter und drüber geht?
Wenn die schweren Zeiten überhaupt nie
ein Ende zu nehmen scheinen?
Was dann, Jakobus?

Solche Gedanken gingen mir durch den Kopf,
als ich eines Tages nach dem Unterricht
noch an meinem Pult saß und
auf den Zettel mit dem Bibelspruch starrte,
der neben mir mit Klebstreifen
an der Wand befestigt war.

Es war eine schlimme Woche gewesen.

Neils Fußballtrainer hatte mir eröffnet,
der Junge habe ein «Motivationsproblem»;
ob ich mir schon einmal überlegt hätte,
mehr Zeit mit ihm zu verbringen
und Dinge mit ihm zu unternehmen, die sein
Selbstbewußtsein stärken könnten.
«Guter Mann», hätte ich am liebsten geantwortet,
«was meinen Sie wohl, was ich
in den vergangenen Jahren
mit Neil gemacht habe?
Ich hab mich so intensiv mit ihm beschäftigt,
daß mir meine beiden anderen Söhne sagen,

ich sei immer nur für Neil da.
Nun solle ich mir endlich mal mehr Zeit
für *sie* nehmen.»
Heute morgen hatte mich eine Mutter an der Tür
zum Klassenzimmer abgefangen
und verlangt, ihr Kind müsse unbedingt
auf einen anderen Platz versetzt werden.
Ich hatte meinen mit viel Liebe zubereiteten Salat
auf dem Küchentisch zu Hause vergessen
und hatte mittags wählen können:
zwischen einem Käsesandwich
mit matschigen Salatblättern
und verkochten Spaghetti
mit einer lauwarmen Tomatensoße.
Die Jungen und ich waren – wieder mal –
zu spät gekommen und beim Betreten
des Schulhauses prompt dem Direktor
in die Arme gelaufen.

Freut euch darüber!???
Am liebsten hätte ich losgeheult
oder den Wisch mit dem Bibelvers abgerissen –
oder beides.

Da öffnete sich die Klassentür,
und ein junger Mann trat ein.

Das erste, was mir an Matt auffiel,
waren seine Ruhe und seine gelassene
Zielstrebigkeit.
Er kam, weil er einen Job zu erledigen hatte,
und er erledigte ihn.
Was er tat, tat er mit Würde, und das dürfte
einem jungen Mann nicht leichtfallen,
wenn er Putzarbeiten verrichten muß.
Aber er erledigte seine Aufgabe,
ohne mit der Wimper zu zucken
und ohne zu signalisieren:
«Eigentlich bin ich ja zu schade für so was.»

Ich erinnere mich an sein stilles Lächeln,
seine Höflichkeit,
sein unaufdringliches Auftreten,
das mir die Befangenheit nahm
und im Laufe der Zeit zum Lichtblick
am Ende meiner Schulalltage wurde.
Wir wechselten an jenem ersten Nachmittag
ein paar Worte und setzten das Gespräch
an den folgenden Tagen fort.
Ich erfuhr, daß er am College studierte
und sich sein Studium durch seine Arbeit
als Putzmann finanzierte.
Daß er entweder Polizist werden wollte
wie sein Vater
oder Rechtsanwalt.
Daß er ein ausgeprägtes Gerechtigkeitsempfinden
hatte und ein Herz für andere.
Ich erzählte ihm von meiner Zeit im College
und von den Sommerferien, in denen ich als
Zimmermädchen in einem Konferenzzentrum
gearbeitet hatte
und wie mich die Leute behandelt hatten,
von: «Ach, Sie sind aber kein normales
Zimmermädchen»
über: «Was macht ein nettes Mädchen wie Sie
an einem solchen Ort?»
und: «Sie machen hier die Drecksarbeit,
also sind Sie selbst Dreck!»
bis: «He, Kleine, bring mir neue Handtücher,
aber dalli!»
Wir hatten viele Gemeinsamkeiten,
und er erzählte mir, wie mies ihn manche
Lehrer an unserer Schule behandelten
und wie freundlich andere waren.
Besonders nett fand er meine Freundin Judy.
Wir lachten und schwatzten
und tauten immer mehr auf.
Es entwickelte sich eine
herzerfrischende Freundschaft.

Eines Tages sprach er mich auf die drei Fotos
auf meinem Schreibtisch an.
So erzählte ich ihm von Sean, Neil und Jeff.
Bestimmt fiel ihm auf, daß ich keinen Mann
erwähnte,
aber er war zu höflich zu fragen.
Offenbar wurde er später von Judy
über meine Lebensumstände informiert,
denn er ging stillschweigend davon aus,
daß ich wußte, daß er wußte,
daß ich alleinerziehende Mutter war.
Nach einiger Zeit bot er mir an, gelegentlich mal
bei mir zu Hause vorbeizukommen
und mit meinen Jungs Fußball zu spielen
oder mich zu vertreten, wenn ich mal Ruhe
brauchte,
oder Besorgungen für mich zu machen.
Immer wieder sagte er mir, er wisse nicht,
wie ich das alles allein schaffte.
So nahm ich ihn schließlich beim Wort
und fragte ihn, ob er am nächsten Montag
eine Weile auf die Jungen aufpassen würde,
damit ich mal eine Stunde Tennis
spielen könnte.
Ich bestand darauf, ihn zu bezahlen;
schließlich mußte er sein Studium finanzieren,
und ich hatte mein festes Einkommen –
Alleinerziehende hin oder her.

Und so begann es:
Eine herrliche Serie von Montagabenden,
die sich durch den Herbst bis in den Winter
hinzog,
bis ich zum Tennisspielen Handschuhe
anziehen mußte.
An einem Montagabend traf Matt ein,
bevor wir mit dem Essen fertig waren,

und ich sagte:
«Hol dir einen Teller aus dem Schrank.
Für dich reicht's auch noch.»
Er tat es, und damit begann ein weiteres
Montagabendritual: Abendessen mit Matt.
Wir fünf lachten bei Pasta und Tacos
und Pizza und Hühnerschenkeln –
all dem «Männerzeug», das meine Jungs
so gern essen.
Und sie freuten sich so auf sein Kommen,
daß sie sich wie verrückt mit ihren
Hausaufgaben beeilten, damit sie fertig
waren, wenn er erschien,
und er ihnen ein paar neue Griffe
fürs Ringen beibringen konnte.
Von anderen, nicht von Matt selbst, erfuhr ich,
daß er in der High School Schulmeister
im Ringen gewesen war
und auch im College ganz oben
auf der Rangliste stand.
Er war und blieb bescheiden,
spielte sich nicht auf, sondern war bei uns
nur er selbst,
warmherzig, offen, fröhlich.

Wenn ich vom Tennisspielen nach Hause kam,
hatte er die Jungen meistens schon
ins Bett gesteckt –
selten in Pyjamas
und manchmal ohne Zähneputzen,
aber immer bis zum Bersten glücklich,
daß Matt gekommen war,
um Zeit mit ihnen zu verbringen.
Ihn selbst fand ich lernend vor oder dösend,
aber stets bereit, sich noch ein paar Minuten
mit mir zu unterhalten,
und wir begannen, einander von den
Beziehungen zu erzählen,
die uns wichtig waren.

Er war der kleine Bruder, den ich mir immer
gewünscht, aber nie gehabt hatte.

Er teilte seine eigene Familie mit uns –
seine liebevolle Mutter,
eine bemerkenswerte Frau,
die meine Jungen zwei ganze Wochen lang
bei sich aufnahm, damit ich einen
zusätzlichen Kurs anbieten konnte;
seine Schwester Norah, die auch regelmäßig
auf die Jungen aufpaßte und so etwas
wie ihre große Schwester wurde;
seinen Bruder Kenneth und seinen Vater,
die meinen Söhnen großartige männliche
Vorbilder wurden
und sie oft zu sich nach Hause einluden.

Wieviel Segen, wieviel Freude brachte
dieser eine junge Mann mit,
als er an jenem Herbstnachmittag
in mein Klassenzimmer trat!

Ich erlebte, wie sehr Matt Martin unser Leben
veränderte,
das Leben von vier Menschen,
weil er bereit war, sich von dir, Herr,
gebrauchen zu lassen.
Durch ihn hast du mir geholfen, durchzuhalten,
und hast mich gelehrt,
selbst in «solchen Wochen» wie der Woche
damals
nach der Freude Ausschau zu halten.

Jeff ist weg!

Die Türglocke läutet, und draußen stehen
erwartungsvoll die ersten Kinder
und halten mir ihre geöffneten Beutel hin.
«Oha!» sage ich. «Wen haben wir denn da?»
Ich lasse eine Handvoll Bonbons und Nüsse
in jeden Beutel gleiten,
lächle und winke den Eltern zu,
die vom Straßenrand aus ihre Sprößlinge
wachsam im Auge behalten.
Seufzend schließe ich die Haustür wieder.
Halloween wird mich wohl immer
an den Tag erinnern,
an dem ich Jeff fast verloren hätte.

Wir waren als Zuschauer bei Seans Fußballmatch –
einem von unzähligen,
die wir schon in dieser Sportanlage
miterlebt hatten.
Er war ein sonniger Herbsttag,
und ich genoß es, mich mit den vielen Eltern
zu unterhalten,
die ich kannte, weil ihre Kinder
zu mir in die Schule kamen
oder weil ihre Söhne in denselben
Fußballmannschaften spielten
wie meine Jungen.
Ich behielt Neil und Jeff im Auge,
die hinter mir an der Kletterwand und
an den Autoreifen-Schaukeln spielten
oder mit den Brüdern und Schwestern anderer
Mannschaftsspieler herumrannten.
Dabei nahmen sie natürlich etliche
«Bodenproben» auf,
damit ihre Mütter anschließend die Qualität
ihrer Waschmittel anhand des
rötlichen Lehms testen könnten.

Mehrmals kam Jeff zu mir hergerannt,
um mir etwas zu erzählen
oder um mich um etwas zu trinken zu bitten.
Und jedesmal sagte mir jemand,
was für ein drolliger kleiner Kerl er sei.
Ja, wirklich, er war drollig –
obwohl er mir manchmal auf die Nerven ging,
wenn er seinen Charme spielen ließ,
um seinen Willen durchzusetzen.
Mit seinen rosig angehauchten Wangen,
seinen großen braunen Augen
und seinem blonden Haar,
seiner stämmigen Figur
und seinem lustigen, lebhaften,
quirligen Wesen,
mit seinem niedlichen Lispeln
mußte man ihn einfach gern haben,
und die Herzen aller flogen ihm zu.

Das Spiel war zu Ende, Getränke wurden
herumgereicht,
Sean kam zu mir und fragte mich,
wie ich sein Spiel gefunden hätte.
Ich entdeckte Neil und winkte ihn zu uns her.
Ich kniff die Augen zusammen und
hielt Ausschau nach Jeff.
«Wo ist Jeff?» erkundigte ich mich bei Neil,
als er angerannt kam.
«Weiß nicht», antwortete er achselzuckend.
Ich wandte mich um und suchte mit den Augen
die Pinien ab, die die Fußballfelder umgeben.
«Geh, sieh mal bei den Toiletten nach!»
bat ich Neil.
«Sean, lauf du doch mal zum Eingang. Vielleicht
treibt er sich bei den Kassenhäuschen herum.
Dann sag ihm, er soll herkommen!»
sagte ich schon etwas lauter.

Ein paar Eltern drehten sich zu mir um.
«Jeff?» fragten sie.
«Den hab ich doch eben noch ...»
Weitere Eltern begannen sich eher ein wenig gleichgültig nach ihm umzusehen.
«Nee, Mama, beim WC ist er nicht», berichtete Neil.
«Keine Spur von Jeff bei den Kassenhäuschen», rief Sean.

Von einem Augenblick zum anderen schlug die Stimmung um.
Seans Trainer und seine Frau sahen einander vielsagend an.
Diane, die Frau, sagte: «Ich geh rüber zur Pferderennbahn. Vielleicht hat er sich dorthin verdrückt.»
Bobby, der Trainer, bot an: «Ich nehme Amanda mit und schau mal nach, ob er drüben beim anderen Spielfeld ist.»
Sean rief einigen seiner Mannschaftskameraden zu: «He, könnt ihr mir helfen, meinen kleinen Bruder im Wald zu suchen?»
Neil stand wie angewurzelt da und sah langsam, ganz langsam zu mir hoch.
Ich versuchte, mir nicht anmerken zu lassen, welche schrecklichen Gedanken mir im Kopf herumwirbelten.
Ob es mir gelang?
Nun, nicht besonders gut, fürchte ich.

Bald klang es aus dem Wald und von den umliegenden Plätzen:
«Jeff! Jeeeeeeff!»
Ich erlebte in meiner Erinnerung noch einmal diesen Tag, der als ein so normaler Samstag begonnen hatte.
Am Morgen hatte ich Jeff geweckt und dabei den typischen «Jeff-Duft» wahrgenommen –

den typischen Geruch, der dem Bettzeug
anhaftet, wenn die Jungen
eine Weile darin geschlafen haben.
Ich erinnerte mich daran, wie ich ihn auf seine
weiche, runde Wange geküßt hatte
und wie sich seine großen Augen sofort
geöffnet hatten.
Er ist immer gleich hellwach und munter,
ganz im Gegensatz zu Sean, der wie ich
Zeit braucht, um richtig wach zu werden.
Und Neil ist sogar oft ein richtiger
Morgenmuffel.

Warum war er verschwunden?
Warum hatte ich nicht besser auf ihn aufgepaßt?
Drollig – wer alles hatte gesagt,
er sei so drollig?
Einige der Leute hatte ich nicht einmal gekannt,
und als ich mich umsah, stellte ich fest,
daß genau diese Leute jetzt
spurlos verschwunden waren.
Sollte – nein, das konnte, das durfte nicht sein –
so etwas durfte ich nicht einmal denken:
Sollte jemand Jeff mitgenommen ...?

Ich blickte auf meine Uhr. Das Spiel war schon
seit fast einer Stunde zu Ende.
Plötzlich schossen mir Fetzen von halbvergessenen
Fernsehspots durch den Kopf.
«In einer halben Stunde könnte Ihr Kind schon
außer Landes sein!»
«Wenn Sie Ihr Kind nicht innerhalb
der ersten Stunde finden,
haben Sie kaum eine Chance, es noch lebend
wiederzusehen ...»

Nun schossen mir die ersten – bis jetzt
unterdrückten – Tränen in die Augen.

Ich wandte mich an eine andere Mutter,
deren Sohn in der Fußballmannschaft
mitgespielt hatte, und fragte sie –
so ruhig, als fragte ich sie nach der
Backtemperatur und Backzeit bei
einem neuen Kuchenrezept –:
«Wie lange wartet man, bevor man die Polizei
einschaltet?»

Ihre Augen füllten sich schneller mit Tränen,
als meine sich gefüllt hatten.
Sie schloß mich fest in die Arme und flüsterte
mir heiser «Sie Ärmste!» ins Ohr.
Der Damm brach.
Ich weinte Sturzbäche.
Meine Schultern bebten.

Die Eltern, die von ihrer vergeblichen Suche
zurückkamen,
sprachen mir mit den Augen Mut zu.
Manche starrten betreten auf ihre Füße.
Ich schluckte und schaffte es,
mich zusammenzureißen.
Die Tränen versiegten, und der eiserne Wille,
auf den ich mich verlassen muß,
um Krisen durchzustehen,
gewann die Oberhand.

Meine inständigen, anhaltenden Gebete
voller Kraft und Zuversicht
verwandelten sich allerdings
erstaunlich schnell
in den feilschenden Basar-Gebetstyp.
«Bitte, Herr, laß mich Jeff zurückkriegen»,
betete ich.
«Ich verspreche dir auch,
geduldiger mit ihm zu sein,
wenn er Ewigkeiten braucht,
um aus dem Auto zu steigen.

Ich lasse ihn auch bestimmt nie mehr
aus den Augen. Gib mir nur noch
eine Chance ...!»

Und dann
ertönte in der klaren Oktoberluft von Atlanta
der Ruf, den ich nie vergessen werde:
«WIR HABEN IHN GEFUNDEN!»
«Lisa, wir haben ihn gefunden! Im Wald.
Völlig verängstigt. Er hatte sich versteckt.
Er dachte, er würde bestraft werden,
deshalb hat er sich nicht gemeldet,
als er uns rufen hörte ... »

Oh, Gott sei Dank, sie haben ihn gefunden!
Nie war ich dankbarer für meinen Sohn
als in dem Augenblick,
in dem ich sein ängstliches kleines Gesicht
in meine zitternden Hände nahm
und stammelte:
«Danke, Gott!
Danke, danke, *danke*!»

Seine großen Augen erfaßten meine Tränen,
die Menge um uns herum, den Lärm,
die Erleichterung.
Und er sagte:
«Jetzt krieg ich's aber, was?»

Geschient

Heute hat sich einer meiner Schüler in der Schule
den Arm gebrochen.

Da ist mir aufgegangen, daß ich schon lange ein
gebrochener Knochen bin.
Gebrochen von grausamen,
im Zorn gesprochenen Worten,
von Scham, die sich immer höher getürmt
und mich niedergedrückt hat,
bis ich zerbrochen bin.
Gebrochen von Schulden,
von Kindern mit besonderen Bedürfnissen,
von einem Mann, der mit seinen persönlichen
Untiefen kämpft.
Gebrochen von Entscheidungen,
die ich treffen *mußte*.

Und du, Herr, hast mich aus lauter Liebe
in eine Schiene gezwängt,
damit ich heilen kann.
Seit fünf Jahren
hast du mich gegen allzu harte Schläge
abgeschirmt,
hast mich beschützt,
mich ruhiggestellt,
wenn ich zappeln und wackeln und
mich winden wollte.
Du hast mich fest an dich gedrückt, Herr,
damit ich bis ins Mark
heil und stark werden könnte.
Stark, um mich allem stellen zu können,
was im Leben der Jungen auf mich zukommt,
um weise und rechtzeitig Entscheidungen
zu treffen,
die in deiner Wahrheit gründen.

O ja, Schläge und Erschütterungen
und Zusammenstöße
hat es unterwegs mehr als genug gegeben;
Menschen und Ereignisse haben die Heilung
verzögert.
Es hat Rückfälle gegeben, ja,
aber meine von dir gewirkte Heilung
schreitet fort.
Bis heute.
Deine vollkommene Liebe
treibt die Furcht aus.

Es ist gar nicht so schlimm – eigentlich

«Du hast's gut!» sagte meine Freundin,
als wir zu unseren Autos eilten
nach einer Lehrerkonferenz,
die viel zu lange gedauert hatte.
«Du mußt nicht nach Hause rasen und für einen
hungrigen Fleisch-mit-Kartoffeln-Mann
das Abendessen auf den Tisch zaubern.
Du kannst Corn-flakes essen, wenn du willst.»

Lachend winkte sie zum Abschied, und dann
knallten wir beide unsere Autotüren zu –
ich, um meine Kinder abzuholen,
sie, um sich den Kopf zu zerbrechen,
was sie auf die Schnelle kochen könnte,
um Sam zufriedenzustellen.
Tja, vielleicht sind gewisse Sachen beim
Singlesein tatsächlich gar nicht so schlecht.

Eines Nachts lag ich im Bett und hatte mir
alle sechs Kissen unter den Kopf gestopft,
trank Eiswasser und las
ein wahnsinnig spannendes Buch.
«Nur noch ein Kapitel», sagte ich mir immer wieder,
bis morgens um zwei Uhr.
Ich knipste das Licht aus,
drehte mich auf die Seite und lachte:
«Welcher Mann würde es mit mir aushalten!»
Noch so ein verstecktes Plus.

Ich war zu einem Ball eingeladen und hatte
nichts Passendes zum Anziehen.
Einen ganzen Samstag lang suchte ich in der Stadt
nach günstigen Angeboten.
Ich brauchte etwas Elegantes, was nichts kostete,
etwas, was teuer *aussah*, es aber nicht war.

Schließlich entschied ich mich für ein todschickes
schwarzes Kleid,
in dem ich mich fühlte, wie ich es mir
schon immer erträumt hatte.
Sofort war mir klar, daß sämtliche Schuhe,
die ich besaß, mein neues Erscheinungsbild
ruinieren würden.
Also kamen als nächstes neue Schuhe an die Reihe.
Und, natürlich, eine elegante Handtasche.
Dann rechnete ich zusammen, was ich an diesem
Nachmittag ausgegeben hatte.
Du meine Zeit!
Aber für mich war das völlig in Ordnung so.
Ich mußte mich keinem anderen gegenüber
für meine Ausgaben rechtfertigen.
Ein weiterer Vorteil des Alleinseins.

Nicht alles ist schlecht.
Nicht alles ist schlimm.
Man hat Freiheit.
Man hat einen weiten Raum.
Ich habe Leute kennengelernt,
denen ich sonst nie begegnet wäre.
Ich bin an Orte eingeladen worden,
die ich sonst nie gesehen hätte.
Ich habe Dinge erlebt, die ich sonst verpaßt hätte.

Es ist gar nicht so schlimm.
Eigentlich.

Ich habe mein Leben mit dem Schwamm betupft

Von irgendwoher hatte ich die verrückte Idee
bekommen,
das Badezimmer der Jungen mit dem
Schwamm anzustreichen,
genauer gesagt: zu betupfen.
Ich hatte keine Ahnung davon.
Ich hatte es mir einfach in den Kopf gesetzt,
also kaufte ich einen Naturschwamm
und Farbe.
Als die Jungen am Erntedank-Wochenende
fort waren, beschloß ich, loszutupfen.
Natürlich war es schon 23.30 Uhr, als ich begann.
Es ist meine Spezialität, spätabends
wichtige Dinge in Angriff zu nehmen –
dann hab ich nämlich meinen Energieschub.

Die meisten Leute hätten zuerst einmal
auf Papier experimentiert.

Ich doch nicht!
Wäre mir im Traum nicht eingefallen!
Ich stürzte mich gleich auf die Wand über der
Badewanne.
Draußen goß es in Strömen, und während der Regen
auf das Dach über meinem Kopf trommelte,
sang ich und lachte und tupfte,
was das Zeug hielt.
Dabei stellte ich fest:
Man kann Fehler machen, wenn man mit einem
Schwamm die Wände betupft.
Das kann scheußlich aussehen.
Aber man kann das wiedergutmachen,
indem man ringsum mit dem Schwamm
weitere Tupfen setzt.

Es gibt keine vorgeschriebene Form, also
kann man nichts wirklich falsch machen.
Nun ja, vielleicht doch, denn ich leistete mir
tatsächlich ein paar schlimme Patzer,
indem ich den Schwamm zu tief und zu lange
in den Farbeimer tauchte ...
Aber dann muß man Geduld haben und warten,
bis die Farbe trocken ist.
Dann wird sie nämlich heller –
und soooo schrecklich sieht es dann
gar nicht mehr aus.

Mir ist aufgegangen, daß ich einen großen Teil
meines Lebens mit dem Schwamm
betupft habe.
Nach dem Motto:
«Einfach eintauchen und loslegen!»
Und dann war alles verdorben.
Schlimm.
Aber Gott hat andere Tupfen drumherum
angebracht und die Fehler ausgeglichen.
Und die Zeit trocknet alle dunklen Farbflecken
und hellt sie auf.

Als das Wochenende vorüber war,
rannten die Jungen die Treppe hinauf,
als ich ihnen sagte, ich hätte im Badezimmer
eine Überraschung für sie bereit.
Ihre Reaktion bestand aus einem Wort.
Und dieses Wort –
beschreibt es nicht am besten,
wie Gott ist
und wie er in unserem Leben wirkt?

«Stark!»

Um jeden Preis

Ich weiß nicht mal mehr, *was* ich eigentlich fühle.
Ich bin wie betäubt.
Ich bin müde. Todmüde.
Ich hab das Gefühl,
ich werde nie wieder lieben können.
Vielleicht.
Oder doch?
Oder vielleicht nicht mehr in dieser Weise.
Wahrscheinlich ist mir in all dem Durcheinander –
endlich – klargeworden,
daß niemand meine tiefste Unsicherheit
«reparieren» kann,
daß niemand mir alles geben oder sein kann,
daß ich niemandem so viel Macht über mich
einräumen darf,
wie er sie über mich gehabt hat.
Ich habe das Exklusivrecht auf mein Leben
und auf das, was dazugehört,
um es vollständig zu machen.
Selbst Gott läßt mir bei seiner Führung
meinen freien Willen.
Ich kann wählen.
Ich will mich selbst auseinandersetzen
mit meinen Unsicherheiten und Ängsten,
mit meinen Konflikten und inneren
Widersprüchen.
Ich will selbst die Verantwortung für mich
übernehmen.

Ich brauche keine Vorwürfe.
Ich brauche keine Bitterkeit.
Ich brauche kein «Wie konnte das passieren?»
oder «Warum ist es so gekommen?»

Ich gehe weiter.
Ich bin weitergegangen.

Ich werde es schaffen.

Ich werde doch nicht aufgeben, nur weil ein Mann
nicht stark genug war,
sich mit den entscheidenden Fragen seines Lebens
auseinanderzusetzen.
Seines Lebens – nicht *meines* Lebens.
Das sind nicht meine Probleme;
sie gehen mich nichts an.
Ich bin bis zum Hals durch den Schlamm
ungelöster Probleme gewatet.
Ja, das pappige Zeug haftet noch immer
an meinen Schultern,
rinnt mir den Rücken hinunter
und läßt meine Füße zeitweilig
am Boden kleben.
Aber ich hab's geschafft.
Ich bin *durch*.
Ich bin *draußen*.

Draußen, wo mich der Sonnenschein klarer sehen
und erkennen läßt,
was ich vorher nicht sehen wollte oder konnte.

Ich wollte Liebe.
Ich wollte *ihn*.
Ich wollte, daß es klappte – um jeden Preis.
Diesen Preis –
habe ich ihn nicht früher schon einmal
bezahlt?
Nicht mit so viel Leidenschaft
und so viel Bereitwilligkeit
und so viel Spaß;
aber ich habe das Ganze schon einmal erlebt
und teuer dafür bezahlt.

Um jeden Preis ist zu teuer.
Das übersteigt mein Budget.

Immer nur soll ich geben und geben und geben,
und ich bekomme nur etwas, wenn es gerade paßt
oder widerwillig, aus schlechtem Gewissen.

Nein, *um jeden Preis* gibt's nicht mehr.
Dafür hab ich inzwischen zuviel erlebt.
Und zudem geht es jetzt nicht mehr nur
um mich allein.
Da sind noch drei Menschen,
für die ich verantwortlich bin,
drei Menschen, die von mir abhängig sind,
auf mich zählen, darauf bauen,
daß ich halte, was ich verspreche.

Um jeden Preis erstickt jedes Vertrauen.
Um jeden Preis verwüstet Leben, noch während
die helle Flamme der Leidenschaft
knistert und brennt,
schmeichelt und herausfordert.

Selbst auf dem Gipfel des Glücks
ist es den Preis nicht wert,
wenn du weißt, daß du unweigerlich
an den Rand des Abgrunds kommst
und nach dem nächsten Schritt
ins Bodenlose abstürzen wirst.

Um jeden Preis hätte diesmal vier Leute
in die Tiefe fallen lassen.
Ich war bereit, so wahr mir Gott helfe,
es zu riskieren.
Ich war bereit ...
Ein unfaßbares Glück für mich,
daß Er es nicht war.

Laura Beth

«Hey, Mama, ich hab gedacht, ich komme
und helfe dir», sagte eine kleine Stimme.
Ich blickte nach unten, und da stand Sean
neben mir an dem Tisch, wo sich die Schüler
nach den Freifächern am Nachmittag
abmelden mußten.

Ich war rasch ins Schulgebäude gelaufen,
um Neil abzuholen, nachdem ich mit Sean
zum Zahnarzt gefahren war
und in der Stadt ein paar Luftballons für den
Jungen aus meiner Klasse gekauft hatte,
der sich den Arm gebrochen hatte.
Ich hatte es so eilig, daß ich gesagt hatte:
«Sean, bleib du im Auto sitzen;
ich gehe schnell rein und hole Neil ab.»
Den Motor hatte ich – was ich sonst nie tue
und was ich auch nie mehr tun werde –
laufen lassen,
und so stand der Wagen keinen Meter
neben dem Seiteneingang der Schule,
in der ich unterrichte.

«Sean, Junge, was machst du denn hier?»
fragte ich.
«Ich hab dir doch gesagt, du sollst im Auto
warten. Ich komme gleich mit Neil.»
«Ach, keine Sorge, Mama», beruhigte Sean mich.
«Ich hab alle Autotüren zugesperrt,
wie du's auch immer machst!»
«Du hast ... und wo hast du den Schlüssel?»
Meine Stimme klang jetzt eindeutig
ein bißchen gepreßt.
«Den hab ich nicht ... den konnte ich nicht ...
der steckte doch ... uuuh!»
Seans Stimme wurde in dem Maße leiser,

in dem meine an Lautstärke gewann.
«Oh, Sean! Wie *konntest* du nur!»
(Was natürlich in Wirklichkeit hieß:
Wie konnte ich nur so dumm sein,
den Wagen mit meinem Kind darin mit
laufendem Motor stehen zu lassen!)

Sean *konnte* tatsächlich, und er hatte es
geschafft.
Wir rannten alle nach draußen,
und da stand es, mein Auto.
Der Motor lief auf Hochtouren,
die Türen waren gewissenhaft abgeschlossen,
und die Schlüssel steckten im Zündschloß.
Das Ganze keinen Meter neben dem
Seiteneingang *meiner* Schule,
genau im Blickfeld all der Leute,
die ihre lieben Kleinen nach den Freifächern
abholten.
Inzwischen war Neil herausgekommen,
stand neben uns und fragte:
«Was ist denn los?»
Ich versuchte, die beiden mit einem letzten Rest
an Würde ins Schulgebäude zu scheuchen,
während ich innerlich kochte.
Der Vater eines meiner Schüler bot mir
seine Hilfe an und versuchte,
mit einem Draht (von einem Kleiderbügel)
das Schloß zu öffnen.
Er probierte einmal und noch einmal und
ein weiteres Mal – vergeblich.
Mein Portemonnaie mit meinem
Pannenhilfe-Ausweis vom Automobilklub
war im Wagen eingeschlossen,
also mußte ich die Telefonnummer suchen.
Ein Telefonbuch war nirgends aufzutreiben,
da das Schulsekretariat bereits
geschlossen war.

Von den Telefonapparaten in der Schule aus
konnte man nicht die Auskunft anrufen.
Ich drehte fast durch, ausgerechnet hier
an meinem Arbeitsort;
aber dann holte ich tief Luft und versuchte
nachzudenken.
Wo hatte ich den Reserveschlüssel? Richtig –
den hatte ich doch letztens in meiner
Nachttischschublade gesehen.
Doch wie kam ich an ihn heran?
«Nachdenken, nachdenken, nachdenken,
Lisa!» befahl ich mir.
Und da fiel mir plötzlich Laura Beth ein.

Es wäre nicht das erste Mal,
daß sie uns aus der Klemme helfen würde.
Die wunderbare Laura Beth,
eine College-Studentin, die wir während eines
Schulpraktikums kennengelernt hatten.
Wir nannten sie unseren Engel und freuten uns
das ganze Jahr auf die Woche,
in der sie für die Jungen sorgte,
wenn ich meine Fortbildungswoche
für Lehrkräfte hatte.
Sie kam zur Schule, um Jeff abzuholen,
wenn er krank war und nach Hause gebracht
werden mußte.
Sie brachte Neil zu seinem Fußballspiel
und schaute zu, wie er gewann,
wenn ich abends noch zu einer
Lehrerkonferenz mußte.
Laura wußte, wo ich war und wann und wie
sie mich erreichen konnte.
Sie kannte alle Tricks meines Ex-Mannes,
wenn er kam, um die Jungen abzuholen.
Sie wußte, wie sie Neil beruhigen, Jeff trösten
und Sean anleiten konnte.
Und sie hatte einen Haustürschlüssel
von unserem Haus.

Wenn Laura nur zu Hause war …!

Ich wählte ihre Nummer und hörte erleichtert
ihre Stimme am anderen Ende der Leitung.
Niemand außer Laura Beth hätte mein verrücktes
Ansinnen verstanden:
Ob sie wohl, *bitte,* zu mir nach Hause gehen,
mit ihrem Schlüssel aufschließen,
in mein Schlafzimmer gehen,
aus meiner Nachttischschublade den
Reserveschlüssel fürs Auto nehmen
und ihn mir in die Schule bringen könne
(glücklicherweise lagen die Schauplätze alle
nicht mehr als eineinhalb Kilometer
voneinander entfernt),
damit ich mein Auto aufschließen,
den Motor abstellen
und mich hinsetzen könnte,
bevor ich zusammenbrach,
damit ich dann losbrausen und Jeff
vom Kinderhort abholen
und anschließend die Luftballons abgeben
könnte?
Sie erschien wie der Blitz, wie immer strahlend
und ohne mir mein Chaos vorzuhalten.

Wieder einmal würde ich mit einem Dankgebet
auf den Lippen einschlafen,
einem Dankgebet für Laura Beth,
für den Einfluß, den sie auf uns alle ausübte,
für ihre Liebe,
ihre Zeit,
ihr Für-uns-Dasein.
Mehr als drei Jahre lang half sie mir dabei,
meine Jungen großzuziehen.
Und dafür werde ich ihr immer unendlich
dankbar sein.

Weihnachtsfrau – solo

Tja, Weihnachtsbaum,
da sind wir wieder,
du und ich.
Da sind wir wieder mal allein am Heiligabend.
Du hast hier gewartet,
während wir zur Kirche gingen.
Und dann hast du uns fröhlich angeglitzert
bei heißer Schokolade,
beim Knabbern von Weihnachtsgebäck,
beim Aufhängen der Socken für den
Weihnachtsmann,
beim Vorlesen,
beim Zähneputzen,
beim Gute-Nacht-Küssen,
beim Wassertrinken
(«Kein Leitungswasser, Mama, bitte!
Lieber Wasser aus dem Kühlschrank!»).
Jetzt schlafen sie (ich hab zweimal nachgesehen!),
und ich kann mit dem Transfer beginnen
aus der Garage,
wo ich ihre Geschenke verstaut habe
– im Werkzeugschrank
und im Kofferraum meines Wagens –,
herüber ins Wohnzimmer.
Hier wirst du mir zuschauen,
wie ich Spielzeug montiere,
Socken vollstopfe,
mit der linken Hand Zettel schreibe,
damit die Kinder meine Schrift nicht
erkennen,
und viermal alles durchchecke,
ob auch alles da ist
und ich kein Geschenk in irgendeinem Versteck
vergessen habe
und ob auch alles schön aufgebaut ist.
Dann werde ich das Licht ausknipsen

und um ein Uhr morgens ins Bett fallen
mit roten Augen und todmüde,
aufgeregt und ein bißchen traurig.
Gibt es einen Abend, an dem sich eine
alleinerziehende Mutter einsamer fühlt
als am Heiligabend?
Selbst am Muttertag
ohne den Ehepartner, der die Kinder erinnert
und schubst und anspornt,
jetzt müßten sie sich was Nettes für Mama
ausdenken –
oder an meinem Geburtstag,
den sie meistens vergessen
und zu dem mir nur meine lieben
aufmerksamen Freundinnen und Freunde
gratulieren –,
fühle ich mich nicht so einsam wie an Weihnachten
als Solo-Weihnachtsfrau.

Glaubst du mir, lieber Baum, wenn ich dir erzähle,
daß ich meinen Traum,
mit meinen Kindern in einer liebenden Familie
zusammenzuleben,
Jahr um Jahr mit den Orangen
in die Socken gestopft habe?
Irgendwie, Weihnachtsbaum,
auch wenn deine Lichter glitzern und glänzen
und wenn das Radio «Süßer die Glocken
nie klingen ...» schmalzt –
ach, irgendwie, du weihnachtlich glänzender Baum,
fühle ich mich klein und zerbröselt
wie die Plätzchen auf dem Teller,
welche die Kinder bereitgestellt haben
für den Weihnachtsmann.

Universal-Wunder

«Das kann doch nicht wahr sein –
wir sind wirklich hier!» jubelte Sean.
«Universal Studios, wir kommen!» stimmte Jeff ein.
«Juchuu!» rief Neil.
Wir standen an dem monumentalen Eingang mit
dem goldenen Globus zu den Universal Studios
und hatten das verrückte Gefühl,
das könne doch überhaupt nicht wahr sein.
Wir hier?
Schöne Ferien, das war normalerweise was
für *andere* Leute;
davon erzählte man uns,
und wir versuchten, nicht neidisch zu sein.
Und doch – da standen wir, und es war eines
deiner Wunder, Herr.

Mein Fortbildungskurs für Lehrkräfte über
Kinderliteratur war genehmigt worden,
und ich hatte für die Vorbereitung und
Durchführung des Kurses ein Honorar erhalten.
Ich hatte ein tolles Sonderangebot
für den Eintritt in den Park und die Benutzung
aller Bahnen entdeckt,
und dazu gehörte noch die Übernachtung
in einem phantastischen Hotel,
das den Jungs ein «Wow, sind wir Millionäre
geworden?» entlockte.
Ich hatte gerechnet und noch mal gerechnet,
welche Summe wir uns pro Person und Mahlzeit
leisten konnten,
und festgestellt, es würde reichen.
Auf der Autobahnausfahrt war unser Wagen
bei strömendem Regen ins Schleudern geraten,
und obwohl wir uns einmal um die eigene
Achse drehten,
waren wir auf der Fahrbahn geblieben,

niemand hatte sich verletzt;
und der Lastwagen hinter uns hatte
rechtzeitig bremsen können und war
in beruhigendem Abstand zum Stehen
gekommen.
Ja, Neil hatte gelacht und gesagt: «Cool, Mama!
Mach das noch mal!»
Und ich schaffte es tatsächlich, bis zu unserem
Hotel weiterzufahren,
wo ich in unserem Zimmer zitternd auf die Knie
fiel und dir, Herr, dankte.

Im Verlauf des Tages passierten weitere Wunder.
Alle drei Jungen waren unglaublich geduldig,
als sie stundenlang in den Schlangen vor den
einzelnen Bahnen warten mußten.
Jeff genoß am Ende doch noch die Fahrt
auf der King–Kong–Bahn,
nachdem er in der Schlange die ganze Zeit
über gebrüllt hatte,
er wolle nicht mit dem blöden Ding fahren,
und ich nicht wußte, was ich machen sollte,
weil ausgerechnet diese Bahn für Sean und
Neil die Hauptattraktion war
und ich doch keinen der Jungen allein lassen
konnte.
Ich weiß, es war dein Friede, der mich erfüllte,
so daß ich wußte, daß Jeff doch Spaß
an der Bahn haben würde.
Und so konnte ich auch die kritischen Blicke
der Leute übersehen,
die mich anstarrten und mich offenkundig
für eine Rabenmutter hielten,
weil ich den armen Jungen «zwang»,
mit der gefürchteten Bahn zu fahren.
(Wo waren die bloß, als er beim Aussteigen
«Boh! Noch mal! War das toll!» quiekte?)

Wir konnten uns meistens einigen, wohin wir
als nächstes gehen würden –
und das ist wirklich ein Wunder –,
und sie fanden alle, es lohne sich sehr,
zwei Stunden in der Schlange vor
«Zurück in die Zukunft» zu warten,
und das hatte ich keinem von ihnen zugetraut.
Wir fanden Sean,
von dem ich zuallerletzt erwartet hatte,
daß er verlorengehen würde.
Wir fanden ihn,
nachdem wir «nur» fünfundvierzig Minuten
lang (unter Blut, Schweiß und Tränen) nach
ihm gesucht hatten –
und nicht für den ganzen Rest des Tages.
Sie reagierten unglaublich verständnisvoll,
als die Hard-Rock-Café-Burger, die sie sich so
sehr gewünscht hatten,
aus finanziellen Gründen ausfallen mußten;
und als am Ende als Souvenir
nur ein mit Süßigkeiten gefülltes
Jurassic-Park-Ei drinlag,
weil unser Budget nicht weiter reichte.

Wir vier gehörten – mit ganzen siebenunddreißig
Cents in der Tasche –
zu den letzten Besuchern,
die an diesem Abend den Park verließen,
den wir am Morgen zusammen mit den
allerersten Besuchern betreten hatten.

Wir quetschten alles aus
bis auf den letzten Tropfen –
all das Neue, all das Aufregende,
den Nervenkitzel, die Erinnerungen.
Ich bin überzeugt, wir hatten weit mehr davon
als die Leute, für die so etwas
gang und gäbe ist.

Meine Beobachtungsposten

Meine Kinder sind so gut darin geworden,
daß sie sie auf drei Tische Entfernung
identifizieren können.

Ist es das Lächeln der Frau, das vor lauter
«keep smiling» wie eingefroren wirkt?
Sind es die Kinder, die nichts als Unsinn im Kopf
zu haben scheinen?
Ist es die steife Förmlichkeit des Mannes?

Jedenfalls werfen meine drei Männer einen
einzigen scharfen Blick hinüber und melden:
«Alleinerziehende Mutter
beim Abendessen mit einem Verehrer
und ihren Gören.
Wir schätzen: erste oder zweite gemeinsame
Unternehmung ...»

Manchmal verdrehen sie die Augen
und wärmen Erinnerungen auf,
bei denen ich zusammenzucke.

Die Männer, mit denen wir mal ausgegangen sind,
können doch unmöglich so schrecklich
gewesen sein,
wie die Jungen es darstellen. Oder?
Ganz verrückt wird es, wenn sie von den Männern
zu schwärmen anfangen, die sie wirklich
gern gehabt haben.
Ausgerechnet *die* konnte ich selbst gewöhnlich
nicht ausstehen.

Das ist etwas ganz Neues, diese Kombination
aus Umwerben und Umworbenwerden
und dem gleichzeitigen Versuch, es den
Kindern recht zu machen.

Wo beginnt das eine, und wo endet das andere?
Ist es möglich, beiden Rollen gerecht zu werden?

Vielleicht ist es unpraktisch,
  zu anstrengend,
  und irgendwie verwirrend
  für den Mann
  und für meine Kinder.
Jedenfalls verläuft immer alles nach der Melodie
  «Sie konnten zusammen nicht kommen …»

Also?

Nichts also!

Milchzahnfee-Blues

Die weiche Patschhand rüttelte mich wach,
ehe es der Wecker tat.
«Mami, sie hat's *wieder* vergessen!»
piepste ein Stimmchen.
«Hm? Was ...?» murmelte ich
mit schlafverquollenen Lippen.
«Mami! *Mami*!» sagte die Stimme wieder und
wurde immer lauter.
Ich setzte mich im Bett auf und strich mir die
Haare aus den Augen.
Ich langte nach dem Wecker und hielt ihn mir
vor die Nase.
5:45 blinkte er.
Vier Stunden Schlaf gehen rasend schnell vorbei.
«Mami, du hast gesagt, ich soll's noch mal
probieren. Aber sie hat's wieder vergessen!»
«Uahhh ... wer?»
Ich riß die Augen ganz auf und sah Jeffs Gesicht,
das Kinn auf meiner Matratze aufgestützt.
Jeffs Stirn war gerunzelt, und seine Augen
sahen mich todtraurig an.
«Ach du liebe Zeit!»
Ich sprang mit einem Satz aus dem Bett
und landete neben meinem Sohn.
«Oh, nein!»
Zerknirscht realisierte ich, daß ich nun schon
die dritte Nacht hintereinander vergessen
hatte, die Münze der Milchzahnfee
unter Jeffs Kissen zu stecken,
der Milchzahnfee, die Kinder nach jedem
verlorenen Milchzahn mit einem Geldstück beglückt.
Jetzt war Geistesgegenwart gefragt!
«Bist du sicher, Liebling?»
«Klar, Mama. Ich hab dreimal nachgesehen.
Es ist nichts da.»

Tja, damit war mein genialer Plan «Ablenken und
schnell Münze unter den Rand des Kissens
schieben» im Eimer.
Dabei hatte er bei Sean und später bei Neil
immer so gut geklappt!
«Und unter dem Bett?»
«Nee. Hab ich auch schon nachgesehen.»
Verflixt. Damit war auch Szenario zwei gelaufen.
Ob ich Jeff noch eine weitere Nacht
hinhalten konnte?
Oder würde er dann für immer das Vertrauen
zur Zahnfee verlieren?
«He, was is'n hier los?» krächzte
ein verschlafener Sean beim Hereinwanken.
«Sean, die Milchzahnfee hat's *schon wieder*
vergessen!»
Mußte er das immer wieder sagen?
Salz in meine Wunden reiben?
Ich meine, ich fühlte mich schon schrecklich
genug. Was konnte ich sagen?
Es war eine hektische Woche gewesen.
Die Jungen zu oft zum Training bringen
müssen.
Zu viele Klassenarbeiten korrigieren müssen.
Zu viel planen müssen.
«Ach ja? He, das ist mir auch oft passiert!»
sagte Sean.
«Wirklich?»
Damit hatte Sean mir unbewußt aus der Klemme
geholfen.
«Ja, wirklich. Gib ihr noch 'ne Nacht oder zwei.
Manchmal macht sie Ferien.»
Jeff und ich, wir beide sahen Sean ungläubig an.
Und der Bursche nickte nachdrücklich,
ohne eine Miene zu verziehen.
Fröhlich zog Jeff ab in sein Schlafzimmer,
so schnell, daß er nicht einmal mitbekam,
wie Sean seiner ihm ewig dankbaren Mutter
heimlich zuzwinkerte.

Noch eine Aufgabe

Was?
Du hast *noch eine Aufgabe* für mich, Herr?
Jetzt warte aber mal!
Ich unterrichte doch schon den ganzen Tag
meine erste Klasse,
gebe anschließend Nachhilfestunden,
biete Weiterbildungskurse für Lehrkräfte an,
um dann nach Hause zu wanken und
Mutter und Nachhilfelehrerin
für meine drei Söhne zu sein,
ganz zu schweigen von meinem Vollzeitjob
als Wasch- und Bügelfrau,
meinem Teilzeitjob (sehr Teilzeit!) als Putzfrau
und meinem Gelegenheitsjob als Köchin
(«Heute mal wieder Corn-flakes, Jungs?»).

Was für eine Aufgabe denn, Herr?
Ach ... wirklich?
Hm, klingt nicht schlecht!
Okay, ich versuch's.
Aber du mußt mir dabei helfen. Gewaltig.
Ich fange morgen mit meinem neuen Job an,
Herr.
Nein, heute – *sofort*.

Eine wahnsinnig wichtige Aufgabe,
die sagenhaft viel einbringt.
Die Aufgabe, zu lernen, mich selbst zu lieben,
mich so anzunehmen, wie ich bin:
rundlicher Bauch,
Krampfadern
und all das andere ...
Mich zu lieben, wie ich meinen Nächsten liebe.
Mir mal was Gutes zu gönnen,
auf mich Rücksicht zu nehmen,
mir sogar mal selbst eine Freude zu machen.

Und weißt du was, Herr?
Ich nehme es dir ab, wenn du mir sagst,
daß mir *dieser* Job meine übrigen
erleichtern wird.

Mein Ältester

So ernste, melancholische Augen.
Wie ist mein Ältester an solche Augen gekommen?
Liegt's an mir?
Ich habe mich so bemüht, ihm keine zusätzlichen
  Lasten aufzulegen.
Der Älteste muß doch nicht den fehlenden Vater
  ersetzen.
Auch er muß Kind sein dürfen.

Aber irgendwie, Herr,
  auch wenn ich es nicht wollte,
hat Sean mehr auf sich genommen,
  als ich mir das vorgestellt hatte.
War es auch mehr, als du von ihm erwartet hast,
  Herr?
Wie bekommen wir das Kind zurück
  und werden den Pseudo-Erwachsenen los?
Wie schaffen wir es,
  daß er sich wie ein Achtjähriger verhält?
Die Naivität und Sorglosigkeit,
  mit der seine jüngeren Geschwister leben,
  sind dem Ältesten leider abhanden gekommen.
  Es ist unfair.
  Das Ganze.

Verwandlung in White Water

An jedem Sommermorgen
zogen wir unser Badezeug an, unsere T-Shirts
und unsere Wassersocken,
schnappten uns unsere Badetücher, die sich
seit dem vorhergehenden Abend
im Wäschetrockner tummelten,
setzten unsere Sonnenschirmmützen auf,
schnallten die Bauchtaschen um,
bewaffneten uns mit Geld, Wasserflaschen und
Saisonkarten –
und dann ab ins Auto.
Vier Türen wurden zugeschlagen.
White Water, wir kommen!
Unser Wagen fand den Weg schon fast allein,
wenn ich nur die allgemeine Richtung angab.

Im ersten Sommer waren wir noch unsicher.
Mit Zittern und Zagen fragte sich die Mutter,
ob sie es wohl schaffen würde,
drei Jungen im Alter von zwei, vier
und sechs Jahren
gleichzeitig im Auge zu behalten.
Aber für die zweihundert Dollar,
die ich zusammenkratzen konnte,
bekamen wir Erholungs-, Rückzugs-,
Unterhaltungs- und Traumferien
in einem.
Diese Sommerferien gehörten uns, und sie *mußten*
einfach zu einem Bombenerfolg werden,
auch wenn wir dabei noch ein paar «Knoten»
zu lösen hatten.

Unser «Knoten» Nummer eins
war die Frage des Stehlens:
Wurden auf einem Liegestuhl zurückgelassene
Badetücher und Schuhe geklaut?

Schließfächer waren teuer und zudem
unpraktisch –
White Water ist eine riesige Anlage.
Was macht man, wenn man an einem Ende
müde wird oder Hunger bekommt,
und das Geld ist am anderen Ende
eingeschlossen?
Der Weg ist weit, und kleine Beine werden
im Verlauf des Tages immer langsamer.
Nun, dieses Problem war bald gelöst:
Ich steckte das Wichtigste in eine Bauchtasche –
Saisonkarten, Autoschlüssel, Geld, Ausweise,
alles, was unersetzlich war –
und schleppte es ständig mit mir herum.
Den Rest ließen wir auf einem Liegestuhl liegen,
der im dichtesten Gewühl von Stühlen
und Menschen stand,
nicht isoliert oder an einer exponierten Stelle.

Der nächste «Knoten» war die Frage,
was wir an den Füßen tragen sollten.
Der Boden – sei es der Asphalt auf den Parkplatz,
seien es die Steinplatten vor den Rutschbahnen,
vor denen man anstehen mußte –
der Boden war glühend heiß von der
Sommersonne.
Turnschuhe waren lästig anzuziehen, wenn die Füße
naß, müde und geschwollen waren.
Und Badelatschen verlor man
auf den schnelleren Bahnen.
Wir lösten das Problem, indem wir
«Badesocken» erfanden: Haussocken
mit Gummisternchen unter den Fußsohlen,
die wir zu Hause anzogen
und den ganzen Tag trugen.
Vier Paar Badesocken.
Sogar ich trug knallrote («Heiße Treter,
Mama!» versicherten mir meine Jungs).
Mir war wohler, daß wir etwas an den Füßen hatten

bei unseren 1'673 WC-Besuchen
(bei denen ich mich jedesmal fragte, warum
ich meinen Jungs bloß so eingeschärft hatte:
«Es wird nicht ins Wasser gepinkelt!»).

Als nächstes kam das
Mama-kann-nichts-sehen-Dilemma.
Ohne meine Kontaktlinsen bin ich blind,
aber ich hatte Angst, eine zu verlieren,
und die helle Sonne ist der reinste Horror
für meine lichtempfindlichen Augen,
wenn ich nur meine normale Brille aufsetze.
Also mußte ich mir eine Sonnenbrille mit optisch
geschliffenen Gläsern kaufen,
eine größere, aber aus Sicherheitsgründen
notwendige Anschaffung –
denn man kann nicht auf drei quicklebendige
Jungen aufpassen,
ohne sie zu sehen!
Ein weiterer Gegenstand, der im Bedarfsfall
in meiner Bauchtasche Platz fand.

Im Verlauf von fünf Sommerferien
entwickelten wir eine perfekte
White-Water-Routine.
Wir wußten, welche Tage wir auslassen mußten:
Samstage und Feiertage.
Wir kannten die friedlichsten Zeiten:
die Spätnachmittage und Abende an
Sonntagen,
Wochentage ab Sonnenuntergang.
Ich bekam Erfahrung darin,
wie man verlorene Söhne wiederfindet:
einen der Bademeister mit einem
Sprechfunkgerät informieren,
die beiden übriggebliebenen Söhne *ignorieren*,
die «Vielleicht hat jemand unseren Bruder
gestohlen» schluchzen.
Und *beten*!

Wir hatten begriffen, welche Leckereien am
nahrhaftesten waren: Dazu gehörte ganz sicher
nicht die überall angepriesene
«Eiscreme des Millenniums».

Und ich lernte es, nach und nach
unter Aufbietung all meiner Glaubenskraft
und Liebe,
Sean und Neil einmal allein
die Wasserrutschbahn hinuntersausen
und dann zurück zum Planschbecken kommen
zu lassen,
wo ich mich mit Jeff vergnügte.
Ihnen dann zweimal Rutschen hintereinander
zuzugestehen.
Sie schließlich sogar für eine halbe Stunde
ziehen zu lassen.
Ich sah zu, wie Sean losmarschierte.
Er übernahm wie immer die Führung.
Neil war ihm dicht auf den Fersen;
Neil, der nur zweiundzwanzig Monate
jünger war als Sean und sehr willensstark.
Ich beobachtete von ferne,
wie sie einander sorgsam im Auge behielten,
einander anfeuerten und einander lobten,
wenn sie wagemutig die unheimliche Bahn
bezwangen,
in der man streckenweise durch eine
geschlossene dunkle Röhre saust.
Und letztes Jahr steigerten sie ihren Mut noch:
auf der ultimativen Riesendrachenrutschbahn.

Wir wuchsen in White Water.
Die gelassene, sichere, lächelnde Mutter
vom letzten Jahr
mit ihren drei gut eingeölten Jungen
im Schlepptau –
war das wirklich dieselbe Frau

wie die aufgeregte, flatternde,
atemlose Mutter
mit ihrem Chaoten-Trio,
die damals im ersten Jahr auf dem Gelände
herumgeisterte?
War das wirklich dieselbe Familie?

Nein, wir waren nicht mehr dieselben.

Wir hatten uns an unsere Viersamkeit gewöhnt.
Wir fanden es nicht mehr seltsam, einfach nur
eine Mutter mit drei Jungen zu sein.
Für uns war das normal
und richtig
und gut.

Es kam sogar soweit, daß wir blieben,
nachdem der Park geschlossen war,
um uns den Film im Wellenbad anzuschauen,
und um Mitternacht
– mit vielen anderen Familien –
Hand in Hand zum Parkplatz wanderten,
sonnenmüde und wasserverschrumpelt.

Wir waren Stammkunden von White Water.
Wir hatten es geschafft, uns an unser neues Leben
zu gewöhnen.
Wir hatten einen Ort gefunden, an dem wir uns
von den harten Realitäten unseres Alltags
erholen konnten.

Das ist die Sache nicht wert

Ich bin zu der Überzeugung gelangt,
daß ich dumm gewesen bin,
die Unterhaltszahlungen für die Jungen
nicht gerichtlich festlegen zu lassen.

Mensch, wenn ich *damals* gewußt hätte,
was ich *heute* weiß!

Wie oft bekam ich auf der Bank
ungedeckte Schecks zurück;
wie oft hörte ich Ausreden für die Verspätung der
monatlichen Zahlung –
wenn die Post so schlecht wäre,
wie er behauptet,
käme überhaupt keine Sendung mehr an.
Bei niemandem.

Nun muß ich mich einfach den Fakten stellen.
Er wird nur Geld schicken, wenn er dazu
gezwungen wird.
Und wir müssen dafür einen hohen Preis zahlen.
Ich, aber vor allem auch die Jungen.
Bemerkungen, die sie sich über meinen Umgang
mit Geld anhören müssen.
Fragen, wofür ich «sein» Geld eigentlich ausgebe.
Telefonanrufe, die ihren Seelenfrieden stören.
Sein Gefühl, ein Recht auf sie zu haben,
sie zu besitzen,
sich bestimmte Dinge anmaßen zu dürfen.

Nein, darauf zu beharren,
daß er ihnen zukommen läßt,
was ihnen von Rechts wegen zusteht,
wirbelt zuviel auf,
hebt zuviel von unserem emotionalen Konto ab,
kostet zuviel.

Ich verzichte lieber darauf
und schlage mich ohne seinen
Unterhaltsbeitrag durch,
statt mich mit dem Mist herumzuschlagen,
der seine wahrscheinlich ohnehin
ungedeckten Schecks
begleitet.

Ein echter Freund

Wir haben am gleichen Tag Geburtstag,
haben die gleichen Interessen,
dasselbe Temperament.
Wir sind einander so ähnlich,
daß ich mich selbst mag,
indem ich ihn mag.
Wir haben einfach die gleiche Wellenlänge.

Er ist für uns da.
Großzügig läßt er uns am Leben seiner großen,
herzlichen Familie teilnehmen.
Er lädt uns zu einer «Malparty» ein,
bevor er in sein neues Haus einzieht.
Die Jungen rennen mit seinen Kindern
durch die leeren Räume
und spielen Verstecken.

Chinesisches Essen,
Hamburger,
kalte Drinks
und dazu Lachen
und Musik
und das warme Gefühl der Freundschaft.

So oft hat er es geschafft, daß ich unter Tränen
lachen mußte.
Soviel hat er mir gegeben, so sehr mein Leben
bereichert.
Aber nichts hat mich so bewegt
wie sein und mein Geburtstag vor ein paar Jahren,
als er mir so viel schenkte,
die Jungen und mich zum Essen ausführte und
auf mein «Aber ich hab gar nichts für dich»
mit einem Lächeln antwortete,
das ich für immer im Herzen tragen werde.

Er wußte, daß ich blank war
und Probleme mit dem Wagen hatte.
Und er sagte: «Ich wünsch mir
neue Bremsen für dein Auto.»

Sechs Jungen auf einmal

«Sechs Jungen? Lisa, spinnst du?» fragte mich
meine Kollegin und Freundin entgeistert,
als wir am Freitag morgen in der Halle
standen.
«Du erlaubst wirklich jedem deiner Jungs,
jemanden zum Übernachten einzuladen –
alle in derselben Nacht –,
und das nach einer verrückten Woche mit
wildgewordenen Erstkläßlern?»
«Jawohl!» sagte ich.
«Und ich finde das gar keine schlechte Idee.
Jedesmal, wenn einer von ihnen jemanden zum
Übernachten da hat,
bestellen wir am Ende eine Pizza
und holen uns ein Video aus der Videothek.
Und dann muß ich mir von den beiden anderen
anhören,
ihnen sei es so langweilig,
und wann *sie* denn endlich wieder mal jemanden
zum Übernachten einladen dürften.
Also hab ich mir gedacht,
warum nicht drei Fliegen mit einer Klappe
beziehungsweise drei Jungen
mit einer Pizza schlagen?»
«Aha. Soweit habe ich gar nicht gedacht»,
meinte meine Freundin,
und ihr Ausdruck des Entsetzens
wich einem Blick, der zweifelnden Respekt
ausdrückte.
«Na ja, ich hoffe nur, um zehn Uhr heute abend
finde ich meine Idee auch noch gut.
Du kannst mich ja am Montag morgen fragen;
dann sag ich's dir.»

Wie sich herausstellen sollte, war dies einer der
besten Freitagabende seit langer Zeit.

Jeder Junge war zufrieden,
randvoll erfüllt mit dem Lachen
und der Aufmerksamkeit eines Freundes.
Ich selbst konnte lesen, mich entspannen und
den lang ersehnten Luxus
eines ruhigen Abends genießen.
Als die Pizza ankam, schnappte ich mir
mein Stück,
ehe sich die Geier darauf stürzten,
und zog mich damit und mit meiner Cola light
in mein stilles Eckchen zurück.
Dann und wann ging ich in den unteren Stock,
um nach dem Rechten zu sehen,
und fand alle glücklich und zufrieden vor.
Jedes Jungenpaar ging zur festgesetzten Zeit
zu Bett,
und dann war nur noch eine Weile
unterdrücktes Kichern und Lachen zu hören,
während sie einander mit Gruselgeschichten
unterhielten.
Ich selbst schlief bald satt und zufrieden ein
und wachte früh genug auf,
um für meine hungrige Meute einen ganzen
Haufen Pfannkuchen zu backen,
bevor die Jungen dann in verschiedene
Richtungen
zu ihrem jeweiligen Fußballtraining
auseinanderstoben.

Geschafft!
Eine Idee,
ein Experiment, auf das ich mich früher nie
einzulassen gewagt hätte – ich wäre viel
zu ängstlich und nervös gewesen –,
hatte gut, nein, hervorragend geklappt,
weil ich mich auf meinen Instinkt
verlassen hatte, der mir sagte,
damit könnte ich fertig werden.

Und ich war nicht nur damit fertig geworden,
sondern meine Söhne hatten in mehrfacher
Hinsicht einen Gewinn gehabt.
Indem ich die «Schlafparty» zu Anfang der Woche
angekündigt und geplant hatte,
hatten sich meine Jungs
schon die ganze Woche über
darauf freuen können,
und solche Vorfreude brauchen wir alle.
Es hatte meinen Jungen Stolz auf unsere Familie
eingeflößt,
ihnen geholfen, dankbar zu sein für das,
was wir *haben*,
statt darüber zu jammern,
was wir *nicht* haben.
Es zeigte den Freunden meiner Jungen,
was für eine liebevolle, kreative Familie
wir waren.
Es half meinen Jungen, solide Freundschaften
zu knüpfen,
und führte dazu, daß auch sie in die Familien
ihrer Freunde eingeladen wurden.
Mir gab es die Möglichkeit, die Freunde
meiner Jungen kennenzulernen.
Und manchmal, wenn die Haltung oder das Handeln
eines dieser Freunde zu wünschen übrig ließ,
tröstete mich die Erkenntnis,
daß ich meine Jungen offenbar doch
gar nicht so schlecht erzogen hatte
(auch wenn ich ziemlich oft daran zweifelte).

Danke, Herr, für den Mut, auch mal was zu wagen
und Neues auszuprobieren,
Neues, von dem meine Söhne und ich selbst
profitieren,
Neues, das uns stärker und gelassener macht,
widerstandsfähiger und sicherer.

Danke, Herr, daß mir Neues nicht mehr automatisch
angst macht und mich überfordert.
Ich kann dir vertrauen, weil du bist, wie du bist,
und uns versprochen hast, immer so zu sein.
Das hat meine Angst vertrieben.

Danke für die Zuversicht,
daß ich auch mit sechs Jungen an einem Abend
zurechtkommen würde.

Was ich nicht sein kann

Ich kann vieles sein, Herr,
zum Beispiel Tränenabwischerin, Traumdeuterin,
Hoffnungsgeberin.
Ich bin manchmal eine Super-Mutter;
meistens eine ganz passable.
Ich bin Köchin, Waschfrau, Tutorin,
Geschichtenerzählerin, Chronistin,
Chauffeuse, Haushälterin,
Sozialarbeiterin, Cheerleader,
Krankenschwester, Ärztin,
Seelsorgerin, Heilerin von Gefühlen
und Vermittlerin von Werten.

Aber etwas kann ich nicht sein:

Vater.

Mein Herz krampft sich zusammen,
wenn die Anmeldeformulare eintreffen
für die Vater-Sohn-Picknicks und die
Seifenkistenrennen.

Und nun?

Meine Familie lebt so weit entfernt,
daß kein Onkel oder Großvater
zur Verfügung steht.
Wer kann als Ersatzvater für meine Söhne
einspringen?
Wer hat die nötige Zeit?
Wer hat zu so etwas Lust?

Seans Baseballtrainer war bereit dazu:
Er nahm sich bei der Arbeit frei,
um am Vater-Sohn-Picknick des Kindergartens
teilzunehmen.

Der Riese von einem Mann saß bescheiden
mit gekreuzten Beinen auf meinem alten
Bettüberwurf aus College-Zeiten
und verzehrte den Lunch, den ich den beiden
mitgegeben hatte.
Er machte das gern.
Nein, er tat es «begeistert», wir mir seine Frau
später versicherte.
Ein guter Mann, ein Segensträger,
der schließlich selbst gesegnet wurde
durch einen stolzen kleinen Jungen,
der ihn überall mit «Das ist *mein* Trainer»
vorstellte.

Drei Jahre später
war es der Mann einer lieben Freundin,
der in die Bresche sprang
und den Wahnsinnsjob übernahm,
die Seifenkiste zu entwerfen und zu bauen,
die dann den dritten Platz
in der Gesamtwertung erringen sollte!

Was ich nicht sein kann,
wird Gott besorgen.

Ich muß nur ein bißchen Vertrauen haben
und eine Menge Freunde –
oder ist es andersherum:
viel Vertrauen
und wenige, sorgsam ausgewählte Freunde?

Erhobenen Hauptes

Den Abend werde ich wohl nie vergessen, Herr.
Er hat sich mir unauslöschlich eingeprägt.

Das Bild, die Gefühle rufe ich mir bewußt
ins Gedächtnis,
wenn Sean gerade Neil getreten hat
und Neil ihn einen Schwachkopf genannt hat
und Jeff sich bitterlich
über irgendein Unrecht beklagt.

Es war ein schwüler Juliabend in Sarasota.
Wir waren den ganzen Tag am Strand gewesen,
nur wir vier.
Diese Ferien hatten wir gemeinsam geplant.
Ich hatte sie finanzieren können mit dem Geld,
das ich mit Unterrichten in einer
zusätzlichen Klasse verdient hatte.
Wir fühlten uns salzig, leicht sonnenverbrannt
und hatten einen Riesenhunger.
Und wir waren müde, wie man von der Sonne
müde wird:
schlapp, aber zufrieden,
und von dem einen Wunsch beseelt,
uns bedienen zu lassen,
statt selbst noch irgend etwas zu leisten.

In einem Touristic-Führer entdeckten wir
das Inserat eines Restaurants.
Ich rief an und ließ mir den Weg erklären;
wir zogen unsere besten Shorts an
und sprangen in den Wagen.
Als wir ankamen, entpuppte sich der Laden
zu meinem Schrecken als weitaus vornehmer,
als ich gedacht hatte.
Was nun?

Es war schon spät, wir hatten uns bereits
dreimal verfahren.
Und inzwischen hatte sich unser Appetit
zu einem wahren Bärenhunger ausgewachsen.

Der Oberkellner schien mein Zögern zu bemerken,
und er lud uns mit einem strahlenden
Lächeln ein:
«Kommen Sie, treten Sie nur ein!»
und geleitete uns wie die Könige
zu einem Ecktisch am Fenster.
Wir hatten eine herrliche Aussicht
über das glitzernde Wasser.
Das Essen war phantastisch – Shrimps,
die einem auf der Zunge zergingen.
Wir hatten zwei Kellner,
die fröhlich mit den Jungen scherzten
und bei deren Lächeln ich mich
entspannen konnte.

Ich weiß nicht mehr, wie sie hießen,
aber was sie mir sagten, werde ich nie vergessen:
«Sie haben eine tolle Familie, Ma'am.
Sie müssen sehr stolz darauf sein.»
«Wie gut erzogen Ihre Jungs sind!»
«Die Jungen haben ihre Mutter richtig gern;
das merkt man ihnen an!»

Ach, war das Balsam für meine Seele,
Honig für mein Herz
und Brennstoff für meinen Geist!

Ob diese beiden freundlichen jungen Männer
wohl ahnten,
was für ein Riesengeschenk sie mir da machten
an jenem warmen, schönen Juliabend?

In diesen wunderbaren Augenblicken
mit gestärkten weißen Tischtüchern,

Tafelsilber und Kristallgläsern
erlebte ich, wie Erfolg schmeckt.

Ich hatte es geschafft! Das Unmögliche!
Drei Jungen hatte ich ganz allein großgezogen.
Und ich hatte es gut gemacht! Richtig gut!

Ich *schwebte* aus jenem Restaurant,
erhobenen Hauptes
und mit stolzgeschwellter Brust.

An dem Abend war ich ganz Dame,
ganz Ma'am.

Ach, Herr, das werde ich nie vergessen!

Wie Schmetterlinge

Ich habe es gelernt, Herr, sie wie Schmetterlinge
auf meiner offenen Hand zu halten.
Meine freiheitsliebenden, quecksilbrigen,
furchtlosen Söhne.
Du hast sie mir eigentlich nur geliehen, Herr.
Mir gehören sie nur im Sinne von Vererbung und
Verantwortung.

Ich soll sie für den Weg vorbereiten,
den sie gehen sollen,
nicht krampfhaft festhalten,
nicht ihren Geist ersticken,
nicht ihre feinen, bunten Flügel zerquetschen
mit meiner Angst und meinen Sorgen.

Sie sitzen auf meiner ausgestreckten Hand,
die ich mit der Handfläche nach oben
dir entgegenhalte.

Sean:
so schnell, so leicht.
Manchmal schüchtern, dann wieder frech
versucht er, in der Welt seinen eigenen Weg
zu gehen
und allem, was er berührt, seinen Stempel
aufzudrücken.

Neil:
impulsiv, wagemutig, offensiv.
Sich verteidigend und doch feinfühlig,
mit einem großmütigen Herzen,
das aber auch trotzig sein kann.
Einer, der immer bis an die Grenzen geht
und jeder Autorität auf den Zahn fühlt.

Jeff:
gemächlich, bodenständig,
solide und methodisch.
Verschmitztes Lächeln, laute Stimme,
will nicht groß werden, empfindlich,
ängstlich.
Einer, der Bücher verschlingt, gern lernt,
Menschen liebt.

Das sind die drei Söhne,
die du mir anvertraut hast –
die miteinander kichern
und sich im nächsten Augenblick
in den Magen boxen oder ins Gesicht;
die einander «doof» nennen
und sich über die gegenseitigen Fehler
und Schwächen mokieren,
sich aber einen Moment später
völlig unerwartet füreinander einsetzen
und einander verteidigen.
Die so fest ineinander verwoben sind
wie drei Stränge eines Seils.

Am liebsten, Herr, würde ich sie
beschützend an meine Brust drücken,
gegen alle bösen Worte abschirmen,
vor allen Verletzungen
und aller Ungerechtigkeit
bewahren.
Aber das kann ich nicht, Herr … oder?

Das kannst nur du.
Nur du kannst sie in deine sanfte Obhut nehmen.

Und ich?
Ich soll sie nähren mit Gemüse
und Vitaminen
und deinem Wort;

ich soll sie einkleiden, ihre Temperatur messen,
ihnen den verantwortungsvollen
Umgang mit Geld beibringen,
sie lehren, wie man sich benimmt,
ihnen ethische Grundsätze vermitteln.
Ich soll ihnen die Tränen abwischen,
ihnen zuhören,
von ihnen lernen
und sie lieben.

O ja, Herr, sie *lieben*.

Herr, was für ein Vorrecht hast du mir gegeben,
daß ich drei Jungen begleiten darf
in ihrer Entwicklung zu Gottesmännern,
zu aufrechten, echten, wahrhaftigen Männern!

Schmetterlinge mit stählernen Flügeln,
die jederzeit landen können
auf meinen ausgestreckten,
dir entgegengestreckten Händen.